伦理学名著译丛

黄涛 主编

The Logic of the Moral Sciences
道德科学的逻辑

John Stuart Mill

〔英〕约翰·斯图尔特·密尔 著

李涤非 译

商务印书馆
创于1897 The Commercial Press

John Stuart Mill
THE LOGIC OF THE MORAL SCIENCES
Copyright © 2020 by Dover Publications, INC.

本书根据多佛出版公司 2020 年版译出

伦理学名著译丛总序

在人类的知识谱系中，伦理学自始至终在场，它是自古至今人们孜孜不倦追求至善与德行的见证。柏拉图通过苏格拉底的对话思考和阐释值得过的人生，展示了一种经过哲人严格审查的伦理图景，这一图景在亚里士多德笔下形成了最早的体系性伦理学。自此之后，人类思想每前进一步，都必然伴随着有关善与至善的深入思考。

伦理是人的命运，个体之间不论有何种差异，都必然面临伦理抉择，伦理的理论因此不可以脱离伦理的实践。伦理的实践并非技术意义上的实践，而是对人的生活方式的价值与意义的建构，是人类发现善、守护善、将善的生活视为生活的本质与目标的系列行动。

在众神退场的世俗时代，伦理学替代宗教，成为了承载我们希望、引导我们走出心灵困境的理论与实践。不仅个体自身的伦理选择需要伦理学的思考，公共的生活与制度也需从共同体的伦理冲动和伦理意志中获得正当性。"伦理学名著译丛"的深刻关切，旨在真切呈现人类各时期伦理领域的深刻思辨，着力反映世界各国伦理学思想体系，为明确与坚定私人的与公共的伦理选择提供值得参考的思想经验。希望学界鼎力支持。

是为序！

黄涛
2022 年夏

如果人几乎可以确定地预测他已经了解其规律的现象，即使他不知道规律，也能根据经验大概率地预测未来的事件，那人们为何把基于过往历史结果勾勒人类未来命运的努力视为不切实际的幻想？在自然科学中，信念的唯一基础就是这样一种观念：支配宇宙现象的一般规律，无论已知抑或未知，都是必然和恒定的；那为何这条原理适用其他自然作品，却不适用人类理智和道德能力的发展？最后，既然根据经验形成的观点是聪明人的唯一行为准则，如果哲学家赋予其猜测的确定性，不高于源自观察的数量、恒定性和精确性所许可的确定性，那我们为何不允许他们将其猜测建立在同样的基础上呢？[1]

——孔多塞,《人类精神进步史概览》

---

[1] 原文为：Si l'homme peut prédire, avec une assurance Presque entière, les phénomènes dont il connaît les lois; si lors même qu'elles lui sont inconnues, il peut, d'après l'expérience, prévoir avec une grande probabilité les événements de l'avenir; pourquoi regarderait-on comme une entreprise chimérique, celle de tracer avec quelque vraisemblance le tableau des destinées futures de l'espèce humaine, d'après les résultats de son histoire? Le seul fondement de croyance dans les sciences naturelles, est cette idée, que les lois générales, connues ou ignorées, qui règlent les phénomènes de l'univers, sont nécessaires et constantes; et par quelle raison ce principe serait-il moins vrai pour le développement des facultés intellectuelles et morales de l'homme, que pour les autres opérations de la nature? Enfin, puisque des opinions formées d'après l'expérience... sont la seule règle de la conduite des hommes les plus sages, pourquoi interdirait-on au philosophe d'appuyer ses conjectures sur cette même base, pourvu qu'il ne leur attribue pas une certitude supérieure à celle qui peut naître du nombre, de la constance, de l'exactitude des observations?" (CONDORCET, *Esquisse d'un Tableau Historique des Progrès de l'Esprit Hmain*.)——译者

目 录

第一章 引言 ·· 1
第二章 自由和必然性 ·· 5
第三章 存在或可能存在人性科学 ······························ 14
第四章 心灵的规律 ·· 19
第五章 性格学或关于性格形成的科学 ······················ 30
第六章 对社会科学的一般考虑 ································ 43
第七章 社会科学中的化学或实验方法 ······················ 47
第八章 几何或抽象方法 ·· 56
第九章 物理学或具体演绎法 ···································· 64
第十章 逆向演绎法或历史法 ···································· 80
第十一章 历史科学的补充阐述 ································ 98
第十二章 实践逻辑或艺术；包括道德和政策 ·········· 112

译名对照表 ·· 122

第一章 引言

一、只有把经过适当扩展和概括的物理科学方法运用于道德科学，才能改变后者的滞后状态

证据原理和**方法理论**不应先验地建构。理性官能的规律，如同其他各种自然动因的规律一样，唯有通过对活动中的能动者进行观察才能被了解到。早期科学成就的取得，都未有意识地遵守**科学方法**；如果我们先前没有确定许多真理，我们就永远不会知道真理是依靠什么程序来确定的。不过只有比较简单的问题才能这么解决，当天生的智慧试图攻克更困难的问题时，要么完全失败，要么即便它在寻找解决方案上取得零星的成功，也没有可靠的办法来使其他人确信其方案是正确的。在科学研究中，正如在所有其他人类技能的作品中一样，卓越的心灵在一些相对简单的案例中似乎本能地看出达成目标的途径，然后依靠睿智的概括，经调整而使其适用各种各样的复杂案例。我们在简单的环境中自发地处理某件事情，通过对处理方式的关注，我们学会在困难的环境中处理同样的事情。

那些在其复杂性上升的过程中一直体现科学特征的各个知识分支的历史，例示了上述论断的真理性。毫无疑问，其终极科学成分尚待出现、仍被遗弃在含糊的大众化讨论的不确定性之中的知识分支，会

对它的真理性予以新的证实。若干其他科学近期脱离了这种状态，唯有与人类自身相关的科学仍处其中，这是人类心灵所能从事的最复杂和最困难的研究主题。

关于作为有机存在的人的生理性质，不确定性和争议随处可见，只能通过普遍认同和采用比通常认可的更加严格的归纳规则来终结，不过有一大批真理被所有关注过该主题的人认为是完全确立的；而且在这一科学部门中，当代最杰出的导师目前采用的方法也没有任何根本性的缺陷。但是**心灵**的规律，以及更为严重的是**社会**规律，远没有达到类似的状况，甚至也没取得局部的认可，以至于它们是否能成为严格意义上的科学主题，仍旧存有争议；即使是那些对此达成一致的人，彼此之间几乎在所有其他方面都存在最不可调和的分歧。因此，如果我们可以指望前面的几本书[1]中制定出来的原理在什么地方能派上用场，那么正是在这个主题上。

如果在人类理智所能从事的最重要的题材上，思想家之间能达成更广泛的一致；如果所谓的"对人类的适当研究"不是注定成为**哲学**无法成功地从**经验主义**中拯救出来的唯一主题，那么，许多更简单现象的规律通过普遍认同而免除争论的同一程序必须有意识地、刻意地应用于那些更困难的研究。如果有一些主题，其研究结果最终得到了所有关注过证据的人的一致认同；而又有一些主题，人类还未取得同样的成就，最睿智的心灵从最早的时期就一直忙于研究它们，但从未成功地确立任何有分量的、免遭否决或怀疑的真理体系；那么，我们

---

[1] 指密尔《推理和归纳的逻辑体系》(*A System of Logic, Ratiocinative and Inductive*，国内常译为《逻辑体系》)中的前面五本书：《名称及命题》(*Of Names and Propositions*)、《推理》(*Of Reasoning*)、《归纳》(*Of Induction*)、《辅助归纳的方法》(*Operations Subsidiary To Induction*)和《谬误》(*On Fallacies*)。本书是此系列的第六本，也是最后一本。——译者

可以通过总结前面的研究中成功地遵循的方法，修改它们，使之适用后者，以消除科学面貌上的这一瑕疵。余下的章节是一种努力，旨在推进这个最令人期待的目标。

二、在本书中这一努力能推进多远

在努力的过程中，我并不是没有意识到仅靠一篇**逻辑**论文起不了什么作用。我也知道，在一门学说的建立过程中，如果所有的**方法**指导在实践上都没有得到例示，它们会表现出如何的含糊和不得人心。毫无疑问，要表明**伦理**科学和**政治**科学的建构方式，最有效的途径就是建构它们；毋庸讳言，我没打算去承担这个任务。不过，即使没有其他例子，培根那个令人难忘的例子也足以证明，有时候指路的工作不仅是可能的，也是有用的，尽管指路人自己不准备贸然深入。而且，即便要做更多的尝试，至少这里也不是合适的地方。

实际上，在这项工作中，无论为**道德科学**的**逻辑**能做到什么，都是或者应该是前五本书完成的任务；目前的这部著作只能是对它们的一种补充或附录，因为，如果我已经在总体上成功地列举和刻画了那些科学方法，那么适用于道德科学和社会科学的研究方法必定已经被描述过。不过仍旧有待考察的是，哪些方法更适合不同的道德研究分支；出于什么样的特殊功效或困难而被采纳；那些不尽人意的研究状况在多大程度上归咎于方法的错误选择，在多大程度上归因于缺乏正确的方法运用技巧；以及，通过更好地选择和更小心地采纳合适的逻辑程序，我们能在多大的程度上取得最终的成功，或可以期待多大的成功。换句话说，道德科学是否存在，或者能否存在；它们能够达到的完善程度；通过对前期工作中考察过的方法进行何种选择或修改，才能达到那种完善程度。

在这一研究的门槛上,我们遇到了一种反对意见,如果不能打发它,那么它将对我们把人类行为当作科学主题的尝试产生致命影响。人类行为是否跟所有其他自然事件一样,受不变规律的支配?因果关系的恒定性是各种探讨演替现象的科学理论的基础,它是否真的体现在人类行为之中?这两点常常遭到否定;而且,即便不是出于任何非常急迫的实践需要,为了系统的完整性,这个问题在这里也应该获得一个经过深思熟虑的答案。我们将会用一个专章来讨论此主题。

第二章　自由和必然性

一、人类行为是否受因果律支配

是否同适用其他现象一样，因果律也同样严格地适用人类行为，这是一个关于意志自由的争论焦点，至少从伯拉纠[1]那个时代起，它既分裂了哲学界，也分裂了宗教界。肯定的观点通常被称为**必然性**学说，它宣称人类的决断和行为是必然的和不可避免的。否定的观点认为，意志不像其他现象那样被前因决定，而是自我决定；准确地说，我们的决断不是原因的结果，或者至少没有它们统一且绝对地服从的原因。

我早就足够清楚地表明，我认为前一种观点是正确的。但是那些经常用于表达它的误导性术语，以及通常用于理解它的模糊方式，都阻碍了对它的接受；而且，即使在被接受后，也对它造成了坏的影响。自由意志的形而上学理论——如哲学家所持有的那种（因为，全体人类实际上多多少少的对自由意志的共同感受，与相反理论并无矛盾）——之所以被发明出来，是因为承认人类行为必然性的备选理论被认为与每个人的本能意识不一致，被认为有损人的自尊，甚至降低了人类的道德本

---

[1] 伯拉纠（Pelagius，约354—418年），早期基督教神学家，首倡伯拉纠主义，强调人类在救赎中的选择并否认原罪，被斥为异端并被处死。伯拉纠特别强调人的意志自由。——译者

性。我也不否认，有时候持有该学说容易招致这类指责（我会表明它们很遗憾地源于一种误解），因为对它的误解并不局限于那一学说的反对者，还有很多，也许我们可以说，在大多数支持者中也普遍存在。

二、通常被称作哲学必然性的学说在何种意义上是正确的

被称作**哲学必然性**的学说，其正确表达简单来说就是：假定了某一个体的心灵动机及其性格和秉性，我们可以有把握地推出他的行动方式；如果我们充分了解此人，知道所有对他产生影响的诱因，我们可以像预测任何物理事件一样确定地预测他的行为。我把该命题仅仅看成对普遍经验的一种解释，是对每个人内心深信不疑的信念的语词表述。任何相信自己完全了解当事人性格及其所处环境的人，都不会在预测他们的行动方式上显得犹豫不决。他在实际中可能感受到的任何程度的疑虑，是因为他无法确定他是否真的能以所需的精确程度了解环境和当事人的性格，而不是因为他认为，即使他的确知道这些事情，仍可能无法确定行动将会如何。这种完全的确信并不会与所谓的自由感产生一丝冲突。我们不会因为那些对我们知之甚深的人能掌握我们在具体情况中的意愿性行为而感到自己不那么自由。相反，我们经常认为，对我们未来行为的疑虑表明了对我们性格的无知，有时候甚至满怀愤恨地把它看成一种罪过。主张意志自由的宗教形而上学家始终认为它与我们行为的神授先知是相容的；而且，如果与神授先知相容，也就与任何其他的先知相容。我们可以是自由的，而别人有理由完全确定我们将会如何运用我们的自由。因此，我们的决断和行为是先行心灵状态的不变结果这一学说，既未被我们的意识所驳斥，也不会让我们感到羞耻。

然而，当因果关系学说被看作适用于我们的决断与其前因之间

的关系时，几乎被普遍地认为牵涉了比这更多的东西。许多人并不相信，也极少有人真正感到，因果关系中除了不变的、确定的、无条件的次序之外，别无他物。很少人认为，仅仅序列的恒定性就体现出了足够紧密的连接纽带，能支撑原因和结果这样一种奇特的关系。即使理性拒斥，但想象力还是会保留一种感受，觉得存在某种更密切的联系、某种特殊的纽带，或前因施加到后果上的神秘约束。现在，正是这一点，被认为是适用人类意志的这一点，与我们的意识相冲突，激起我们的反感。我们确定，就我们的决断而言，这种神秘的约束并不存在。我们知道，我们不是被魔法咒语所迫使而服从任何特殊的动机。我们感到，如果我们有意证明我们有能力抵制那一动机，我们就能做到（无须赘言，那一意愿是一种新的前因）；如果我们认为事实并非如此，就会贬低我们的荣耀，而且（更重要的是）会阻碍我们追求卓越的愿望。不过，现在最好的哲学权威认为，任何其他原因施加于其结果之上的类似神秘约束也不存在。那些认为原因通过神秘纽带引导其结果的人，正确地认识到决断和其前因之间的关系具有另一种性质。但是他们应该更进一步承认这也适用于所有其他结果和其前因。如果这样的一种纽带被认为包含在必然性这个词语之中，那么该学说就不适用人类行为，但它也同样不适用无生命对象。我们与其说心灵受必然性约束，还不如说物质不受必然性约束。

主张自由意志的形而上学家大多属于一个学派，该学派由于反对休谟和布朗[2]对**原因**和**结果**的分析，因此缺乏这种分析带来的启示而迷

2　托马斯·布朗（Thomas Brown，1778—1820年），苏格兰哲学家和心理学家，主要研究领域包括哲学、心理学和文学批评，其思想对英国19世纪的心理学和哲学发展产生了一定的影响。他的代表作是《人类心灵哲学讲演集》(*Lectures on the Philosophy of the Human Mind*)，其中提出了一种基于联结主义的心灵哲学，认为所有的思维和感觉都是由先行的经验形成。——译者

失方向，也就不足为奇了。令人感到奇怪的是，往往承认那种哲学理论的**必然论者**居然在实践中同样忽视了它。对所谓的**哲学必然性**学说的误解，阻碍了反对派对其真理性的认识。我相信，大多数必然论者内心深处多少都有这种误解，无论他们会在言辞上如何否认它。如果我没有判断错误的话，他们习惯性地认为，他们承认的行为中的必然性不只是秩序的齐一性和可预测性。他们觉得决断与其原因之间存在一种更强的纽带。当他们断言意志受动机平衡的支配时，他们似乎不只是说，任何人只要了解动机以及我们对它们的习惯性反应，都能够预言我们将会如何按意愿行动；而是意味着某种更强有力的东西。他们与自己的科学体系背道而驰，犯下了对手在信守自己的学说时所犯的相同错误；因此在某些情况下，他们确实承受了那些被其对手错误地归咎到那个学说本身的沮丧后果。

三、必然性这个术语的不当性和有害结果

我倾向于认为，这一错误几乎完全是用词带来的结果。要避免它，我们可以不采用**必然性**这个极其不当的术语来表达作为因果关系的简单事实。这个词语在其他的用法上蕴含的意义远远超出纯粹的序列齐一性：它还意味着不可抗拒性。应用到意志上面，它只不过表示既定的原因会伴随着结果的发生，而此结果具有被其他原因抵消的可能性。但在常见用法中，它表示那些原因的排他性运作，被认为强大到不可抵消。当我们说所有人类行为都出于必然性时，我们的意思只不过是，如果没什么事阻止，它们一定会发生；当我们说那些不能获取食物的人必然会饿死时，我们的意思是，无论采取什么措施来阻止，出于匮乏而死是必定会发生的。常用于表达那些确实不可控制的

自然动因的同一术语，习惯性地用到人类行为所依赖的动因时，不可能不产生一种无法控制的感受。然而这是十足的幻觉。有些物理序列被我们看成必然的，比如由于缺少食物和空气而死亡；还有些其他的序列，尽管包含的因果关系与前者一样多，但不能说成是必然的，比如说中毒致死，有时候可以用解毒剂或洗胃避免死亡。即便人们的知性记得，他们的感受也容易忘记人类的行为属于后一种境况：它们从来不会（除非在某些疯狂的情况下）由单一动机完全支配，以至于没有余地受任何其他动机的影响。因此，决定行为的原因从来不是不可控的，任何给定的结果只有在导致其产生的原因不受控制的情况下才是必然的。任何人都应不加置疑地承认，任何发生的事都不可能以其他方式发生，除非某件能阻止它的事情发生了。但以"必然性"来名之，其含义与它最初的和熟悉的含义，以及与它在日常生活中所承载的意义，判若云泥，几乎相当于玩文字游戏。无论我们能做什么，此术语日常意义所派生的联结都会依附于它；而且，尽管大多信奉**必然性**学说的人对它的陈述远不同于宿命论，但大多数**必然论者**，从他们的感受上来说，很有可能或多或少是**宿命论者**。

宿命论者相信，或半信半疑地认为（因为没有哪个人是一致的**宿命论者**），即将发生的一切都是其原因不可避免的结果（这正是**必然论学说**），不过他们还更进一步，认为与它抗争是徒劳的，认为无论我们如何努力去阻止，它还是会发生。这么一来，一个相信行为源自性格，而性格又源自组织、教育和环境的**必然论者**自己会或多或少地意识到，就其行为来说，他容易成为一个**宿命论者**，容易相信，由于他的本性就是如此，或者由于他的教育和环境就是这般塑造了他的性格，因此现在没有什么能阻止他以一种特定的方式去感受和行动，或至少自己的任何努力都无法阻止它。用我们这个时代里最多地坚持向我们灌输、却又最刚愎自用地误解这一伟大学说的那个派别的话来说，他的性格是为他形成，而不是由他形成，因此他的想法没用，他无力改变。但这大错特错。他在一定程度上有能力改变自己的性格。性格最终为他形成，与性格部分由作为中介能动者之一的他来形成，并非不相容。他的性格由环境（包括他的特定组织在内）形成，但是他自己以某种特殊方式塑造它的愿望，也是环境之一，而且绝不是影响力最小的一个。我们确实无法直接依靠意愿来使自己有所不同，但是那些被认为塑造了我们性格的人也不能直接依靠意愿来使我们必须成为我们现在的样子。他们的意志只能直接影响他们自己的行为。他们不是通过对结果，而是通过对所需手段的意愿，来使我们成为现在的样子；而当我们的习惯不是太根深蒂固时，我们同样能够依靠意愿这一所需的手段来使我们自己有所不同。如果他们能把我们置于特定环境的影响之下，我们同样能使自己接受其他环境的影响。如果我们愿意，我们完全能为自己塑造性格，就如其他人为我们塑造性格一样。

是的（**欧文主义者**[3]回答说），但是，"如果我们愿意"这几个词是对整个立场的妥协，因为想要改变自己性格的意志不是源于我们自己的任何努力，而是来自我们无法摆脱的环境；意志要么源自外部原因，要么根本不存在。非常正确！如果欧文主义者就此打住，他就万无一失了。我们的性格既是由我们形成，也是为我们形成，但是诱使我们努力形成它的那个意愿是为我们形成的。如何形成？一般来说，不是由我们的组织，也不完全是由我们的教育形成，而是由我们对原有性格导致的痛苦后果的体验，或是由对偶发的钦佩和渴望的强烈感受形成的。但是，认为我们没有力量改变自己的性格，与认为我们只

　　3　欧文主义（Owenism），19世纪社会改革家罗伯特·欧文（Robert Owen）及其追随者的空想社会主义（科学社会主义的直接思想来源之一）。欧文认为，人类的环境决定了他们的行为和性格，因此应该创造一个更好的环境来提高人类的道德、理智和物质生活水平。——译者

有愿意的时候才会去使用我们的力量,大不一样,对心灵的影响也大相径庭。一个不愿意改变其性格的人,不可能是一个由于认为自己无力改变而应该感到沮丧和气馁的人。只有想要去做**宿命论**学说认为不可能的事情,该学说的消极影响才可能被感受到。当我们自己无意塑造自己的性格时,去思考是什么形成了它无甚意义;意义重大的是,我们不应该由于自己认为目标无法实现而放弃意愿,以及如果我们有此意愿,我们应该知道这项工作不至于难于登天而无法达成。

实际上,如果仔细考察,我们就会发现,如果我们愿意,我们有能力改变自己的性格,对此的感受本身就是我们意识到的道德自由感。一个在道德上感到自由的人会感到其习惯和欲望不是他的主人,相反自己是它们的主人——即使顺从它们时也知道自己能够抗拒它们;会感到如果他想要完全摆脱它们,并不需要一种更强烈的意愿,只需要知道自己有感受能力即可。当然,要使我们对自由具有完全的意识,我们应该已经成功地使自己的性格完全成为自己迄今努力去造就的样子;因为,如果我们有了意愿却没实现,就此而言,我们对自己的性格就没有控制力,我们就不是自由的。或者,至少我们必须感到,我们的意愿即使没有强到改变性格的地步,也足以在两者发生冲突的任何具体情况中战胜我们的性格。因此,不言而喻,唯有具备牢固美德的人才是完全自由的。

在人类性格这个题材上,把**必然性**这个如此不当的术语应用到原因和结果的学说上,在我看来,是哲学中滥用术语的最显著例子之一,它在实践上的后果也是显示出语言对我们的联结具有影响的最引人注目的例子之一。只有抛弃那个令人反感的术语,我们才能广泛地理解这个主题。只要精确地牢记那部分真理——词语**必然性**使我们忽略掉的部分,即心灵在性格形成过程中具有的协作能力,那么自由意志这一学说为它的支持者提供的实际感受,比广泛(我认为)存在于

必然论者心中的感受更接近真理。对于人类为塑造彼此性格所做贡献的重要性，必然论者可能具有一种更加强烈的感知；但是我认为，自由意志学说在其支持者心中培育了一种强烈得多的自我修养精神。

四、动机并不总是对快乐或痛苦的预期

关于人类行为的因果关系学说，许多人存在混淆和误解。在清除它们之前，除了自我塑造能力的存在，还有一个事实需要我们加以注意。当意志被认为是由动机决定的时候，动机并不总是意味着或仅仅意味着对快乐或痛苦的预期。在此我不准备去探究，是否在一开始，我们所有的自愿行为只是有意识地用来获得某种快乐或避免某种痛苦的手段。至少可以肯定的是，在联结的影响下，我们逐渐开始追逐手段，而没想到目的：行为本身成为欲望的对象，在被实施时不以超出自身的任何动机为参考。就此而言，人们仍旧可以反驳说，行为通过联结而变得令人愉悦，我们还是像以前一样，由于预期到快乐，也就是说对行为本身的快乐的预期，而被驱动着去行动。但是即使承认这一点，问题还是没有终结。由于某种特殊的行为或行为过程令人愉悦，随着习惯的养成，我们变得习惯于期待它，最后在不考虑它是否愉悦的情况下继续期待它。尽管由于我们自身或者环境发生改变，我们在此行为中再也找不到任何快乐，或者可能不再期待它的结果会带来任何快乐，但我们仍旧继续渴望去采取那种行为，于是去执行它。就这样，有害、无节制的习惯尽管不再令人愉快，但仍旧被实践。同样，道德英雄因有意行善而得到回报，无论奖励多么真实，或许都远远无法弥补他遭受的痛苦或者他不得不放弃的愿望，即便如此，他也不会放弃愿意坚守选择的习惯。

意愿的习惯通常被称为目的；在我们的决断和由此产生的行为的原因之中，不仅要考虑到喜好和厌恶，还应计入目的。只有当目的变得独立于对痛苦或快乐的感受（目的最初就是因这些感受而生）时，我们才能说是具有了坚定的性格。诺瓦利斯[4]说，"性格是完全定型的意志"；而当对快乐和痛苦的被动感受性大大削弱或有实质性改变的时候，意志一旦就此定型，也可以很稳定，并保持一致。

我希望，基于现在所做的修正和说明，结合了我们对欲望具有特殊感受性的那种因果关系学说（动机导致决断，可取对象产生动机），对于本文的目的来说，可以看作被充分地确立了。

---

[4] 诺瓦利斯（Novalis，原名 Friedrich von Hardenberg，1772—1801 年），德国早期浪漫主义运动的代表人物之一，一位多产的诗人、小说家和哲学家，代表作品包括长篇小说《海因里希·冯·奥弗特丁根》（*Heinrich von Ofterdingen*）、诗集《夜颂》（*Hymnen an die Nacht*），以及哲学著作《基督教或欧罗巴》（*Die Christenheit oder Europa*）等。——译者

第三章 存在或可能存在人性科学

一、可能存在非精确科学的科学

外部自然界中的对象才是科学的主题，从这种严格的意义上来说，有感知能力的存在者的思想、感受和行为不是科学的主题，这是一种常见的看法，或者至少被隐含在许多常见的言语模式中。这个看法似乎卷入了一些思想上的混乱，有必要首先澄清。

任何依照恒定规律相继发生的事实本身都适合成为科学的主题，尽管那些规律可能尚未发现，甚至不能靠我们现有的资源来发现。以最熟悉的天气现象为例，如降雨和日照。科学研究尚未成功地确定这些现象中前因和后果之间的秩序，因此至少无法在我们生活的地球区域内准确地，甚至以较高的概率预测它们。但是没有人怀疑这些现象取决于规律，没有人怀疑它们必定是从已知的终极规律（热、电、蒸发和弹性流体的规律）中派生出来的。也没有人能怀疑，如果我们熟知所有先决条件，我们甚至可以从更一般的规律中预测（除了计算上的困难）未来任何时刻的天气状况。因此，气象学不仅本身就具备成为科学的每一个自然要素，而且实际上也是一门科学；尽管由于观察那些现象所依赖的事实还存在着困难（该困难正是源于这些现象的特殊性质），这门科学还极不完善；而且即便它真的完善，也可能在实践中无济于事，因为要把其原理应用到具体的实例，所需的数据很少能获得。

我们可以构想出一个例子，它具有科学的完善和这种极不完善之间的过渡特征。有可能发生这样的情况：较大的原因，即现象的主要部分所取决的原因，可以通过观察和测量来掌握，因此如果没有其他原因介入，我们不仅能从整体上全面说明该现象，还能说明它可能存在的所有变化和修正。但是，由于可能存在其他原因，或许是很多其他原因，单独来看，它们各自对于共同的结果来说无足轻重，但如果在很多或所有的情况中，它们与那些较大的原因合作或起冲突，那么实际结果会或多或少地偏离仅由较大原因产生的结果。现在，如果这些次要原因不总是能够接触到，或者根本无法对其进行精确的观察，那么结果的主要部分还是可以像以前一样得到说明，甚至被预测到；不过，可能存在我们无力对之做出彻底说明的变化或修正，因而我们的预测将不再精确，而只是近似。

比如说，潮汐理论就是如此。没有人怀疑**潮汐学**（休厄尔[1]博士提倡这种命名）是一门真正的科学。潮汐现象中受太阳和月亮引力决定的部分已经被完全理解，地表任何地点，甚至未知地点的这类现象，都可以得到准确预测；而且潮汐现象在相当大的程度上取决于那些原因。但是局部或偶然的环境，如海底底部的构造、离岸距离以及风向等，在许多或所有地方都影响着潮汐的高度和时间；而其中一部分环境或不能被精确地了解，或不能被准确地测量，抑或

---

[1] 威廉·休厄尔（William Whewell，1794—1866年），英国哲学家、神学家、历史学家和科学家，被认为是19世纪英国综合学派的代表人物之一。在科学方面，他对于力学、光学、地质学、气象学等领域有深入的研究和贡献。休厄尔的代表作包括《哲学史》(*The History of Philosophy*)、《归纳科学的哲学》(*The Philosophy of the Inductive Sciences*)等。——译者

不能被确定地预测。因此，在一些已知的地区，潮汐通常会因为我们无法解释的某种差异而偏离我们基于一般原理的计算结果；而在未知的地方，由于我们无法预见或推测的差异，潮汐可能与那一结果有偏差。尽管如此，不仅我们能肯定这些变化取决于原因，按照不会出错的统一规律产生于这些原因，因此，不仅潮汐学与气象学一样是科学，而且它是那种在实践上可以广泛利用的科学——而至少就目前来说，气象学还不是这种科学。我们可以制定出与潮汐有关的一般规律，可以基于它们进行预测，尽管结果通常不完全准确，但可以做到大体相符。

这就是那些把非精确科学说成科学的人的意思，或应该是他们的意思。天文学曾经是一门科学，但不是精确科学。只有行星运动的总体轨迹以及摄动被说明了，被归结到它们的原因，天文学才能成为精确科学。现在它已经变成了一门精确科学，因为它的现象已经被统摄到规律之下，这些规律囊括了作用于现象（无论是在大的或只是在细微的程度上，无论是在所有的还是只在某些情况中）的全部原因，还把这些原因各自产生的实际结果归结于它们中的每一个。但是在潮汐理论中，迄今被精确确定的规律只是那些在所有情况下以相当程度影响现象的原因的规律；而其他一些原因只是在某些情况中对现象产生影响，或者即使在所有情况中都产生影响，程度也很轻，它们都还没有被充分地确定和研究，因此我们还没有制定出它们的规律，更不用说通过结合主要原因和次要原因的结果，来推导出现象的完整规律。因此，潮汐学仍旧不是一门真正精确的科学；不是因为它天生做不到，而是我们难于完全精确地确定真正派生出来的齐一性。不过，通过把主要原因和已知次要原因的精确规律同各种变化的经验规律或近似概括（它们能依靠仔细的观察而获得）结合起来，我们就能提出大体上正确的一般命题，在考虑到它们可能的不精确程度之余，我们可以有把握地基于它们确定我们的期望和行动。

二、人性科学对应哪种科学类型

人性科学就是如下这种类型的科学。它远没达到**天文学**现在已经实现的精确性标准；但我们没有任何理由说它不会成为**潮汐学**那样的科学，或是像曾经的天文学，那时它的运算只能把握主要现象而不能把握摄动。

人性科学所涉及的现象是人类的思想、感受和行为，如果它能够帮助我们准确地预测个体在其一生中的思考、感受或行动方式，就像天文学使我们能准确地预测天体的位置和掩星现象，那么它就达到了科学的理想完善。毋庸赘言，我们不可能做到这一点。个人行为不可能以科学上的精确性得到预测，这只是因为我们不可能预见那些个体所处的全部环境。更有甚者，就任何既定的（现有）环境组合来说，关于人们思考、感受和行动的方式，我们也不可能做出既精确又普遍适用的断言。不过这并不是因为每个人的思考、感受和行为模式不依赖于原因。毋庸置疑，就任何个体来说，如果我们掌握了完整的数据，凭我们现在知道的足够多的决定心理现象的终极规律，就能够在许多情况下以尚可接受的确定性预测，在大多数可设想的环境组合下，他的行为或情感将是什么样的。但是，人类的印象和行为不单单是当前环境的结果，而是环境和个体性格的共同结果；而且决定性格的动因如此之多，如此分化（个人的任何经历都会对它产生部分影响），所以总的来说，它们在任何两种情况中都不会完全一样。因此，即使人性科学能做到理论上的完善，也就是说，即使我们能像计算任何行星的轨道那样，从给定的数据中计算出任何人的性格，但是由于数据不可能给全，在不同情况中它们也不可能完全相似，因此我们不可能做出绝对的预测，也不可能提出普遍的命题。

我们需要实现对那些结果的预测和控制，这很重要。其中有许多结果，像潮汐一样，主要被一般原因而非叠加在一起的全体局部原因所决定，它们主要取决于人类共同的，或至少是大部分人共同的环境和性质，并且只是在很小程度上取决于个人的特殊组织或特殊历史。就所有这样的结果来说，我们显然有可能做出几乎总是可以得到验证的预测以及几乎总是正确的一般命题。这些命题只要足以使我们知晓人类、某个国家或阶级的大多数人会如何思考、感受和行动，就相当于普遍命题。对于政治和社会科学来说，这就足够了。正如我们之前所言，在社会调查中，对于大多数实践目的来说，近似的概括就相当于精确的概括；对随机选择的个体所下的断言只是或然的，而对大众的性格和集体行为的断言就是确定的。

因此，**人性**科学中充分下沉到细节、为预测具体现象充当基础的一般命题，大多只是近似为真，这并非对人性科学的贬损。但是，为了赋予此研究以真正的科学特征，一个必须的条件是：本身只相当于最低级别的经验规律的这些近似概括，应该与它们赖以产生的自然规律演绎地结合起来，应该融入决定现象的那些原因的属性之中。换句话说，构成人类实践知识的近似真理在多大程度上能作为普遍人性规律的推论被展示出来，**人性**科学就能在多大程度上存在。普遍规律是近似真理的基础，框定了后者的适当界限，帮助我们为新的环境状况演绎出其他的近似真理，而不需要等到具体的经验。

现在陈述的命题正是下面两章要讨论的主题。

第四章 心灵的规律

一、何谓心灵的规律

心灵是什么，**物质**是什么，或任何其他有关**物**自体本身而非其感性表现的问题，与本文要考虑的目的无关。在这里，如我们的整个研究一样，我们完全避开关于心灵本质的种种思辨，而是要利用心灵规律来理解心理现象的规律，即有感知能力的存在者的各种感受或意识状态的规律。根据我们一致遵从的分类方法，这些现象包括**思想**、**情绪**、**决断**和**感觉**；感觉与前三者一样是真正的**心灵**状态。人们的确常常说感觉是身体状态而非心灵状态。但这是一种常见的混淆，把同一个名称既赋予一种现象，也赋予此现象的近因或条件。感觉的直接前因是身体状态，但感觉本身是心灵状态。如果词语心灵有所意味，那么它意味着感知者。无论我们如何看待物质和心灵之间基本的同一性和多样性，在任何情况下，心理事实和物理事实、内部世界和外部世界之间的区分，始终是分类要考虑的问题；而在这种分类中，感觉与所有其他感受一样，必须被视为心理现象。它们在身体本身以及在所谓的外部自然界中的产生机制才能被恰当地归类为物理现象。

因此，心灵现象是我们本性的各种感受，既包括那些被不当地称作生理的感受，也包括那些被特别地命名为心理的感受；而我所说的心灵规律，是指支配那些感受彼此生成的规律。

二、心理学科学是否存在

所有心理状态都是由其他心灵状态或**身体**状态直接引起的。当一种心灵状态是由另一种心灵状态引起时，我把这种情况中有关的规律称为**心灵**规律。当一种心灵状态是由一种身体状态直接引起时，有关的规律是**身体**规律，因而属于物理科学。

对于那些被称为感觉的心灵状态，大家一致认为，它们都有作为其直接前因的身体状态。每种感觉都有一个近因，即被称为神经系统的那部分组织的身体状况，无论这种状况是产生于某个外部对象的作用，还是产生于神经组织本身的某种病理状态。与我们本性的这个部分——感觉的多样性和它们直接依存的生理条件——有关的规律显然属于**生理学**领域。

余下的心理状态是否一样依赖于生理条件，是人性科学中的一个棘手的问题。人们仍在争论，我们的思想、情绪和决断是不是通过物质机制的干预而产生的，我们是否如具有感觉器官那样具有思想和情绪器官。许多杰出的生理学家持肯定的看法。他们声称，思想（例如）与感觉一样，同样是神经动因的产物；神经系统（尤其是被称为大脑的这一核心部分）的某种特殊状态无一例外地先行于我们的各种意识状态，是后者的先决条件。根据这个理论，一种心灵状态实际上绝对不会是由另一种心灵状态产生的，所有心灵状态都由身体状态产生。当一个思想通过联结似乎要唤起另一个思想时，唤起后者的实际上不是前者；联结不存在于这两个思想之间，而是存在于先行于两者的两种大脑或神经状态之间：其中一种状态唤醒另一状态，每一种状态在其存在过程中都伴随着相应的意识状态。按照这种理论，心灵状态演替的齐一性只是派生的，源自于作为其原因的身体状态的演替规律。初始的**心理规律**或我所指的**心灵规律**根本不存在，而心理科学只是**生理学**科学的一个分支，尽管是其最高级和最深奥的分支。因此，孔德[1]要求生理学家单独承担起对道德和理智现象的科学认知，他不仅否认**心理学**（准确地说是**心理哲学**）具有科学的特征，而且几乎把它与占星术相提并论，认为它的对象和意图都是镜花水月。

但是，在倾筐倒箧之后，仍旧无可置疑的是，心灵状态的演替存在着齐一性，而且能用观察和实验来确定。此外，每种心理状态都有一种神经状态作为它的直接先行条件和近因，这尽管极有可能，但迄今还不能说是像感觉那样以一种判决性的方式得到证实；而且，即使它是确定的，任何人也不得不承认，我们对这些神经状态的特点一无所知；我们不知道，目前也不具备手段来知悉它们之间有何不同；我们研究它们的演替或共存的唯一模式必定是靠观察被视为其产物或结果的心理状态的演替和共存。因此，心理现象的演替无法从神经组织的生理学规律中推导出来；对它们的全部真正知识必定会继续——即使不是永远，至少也是在很长时间内——通过观察和实验对心理演替本身的直接研究中来寻求。由于心理现象的秩序必须在那些现象中被研究，而且不能从任何更一般现象的规律中推导出来，因此存在一门独立的**心灵科学**。

的确，心灵科学与生理学科学之间的关系绝不能被忽视或低估。我们绝对不应该忘记，心灵规律可能是从动物生活规律中派生出来

---

[1] 孔德（Isidore Marie Auguste François Xavier Comte，1798—1857年），法国哲学家，社会学和实证主义的创始人，被尊称为"社会学之父"，主要著作有《实证哲学教程》(*The Course in Positive Philosophy*)、《实证主义概论》(*A General View of Positivism*)等。——译者

的，因此它们的真理性可能最终取决于生理条件；而且，生理状态或生理变化在改变或抵消心理演替中的作用是心理学研究中最重要的部门之一。但是，另一方面，拒绝心理分析这种资源，以及仅仅根据生理学目前提供的数据来建构心灵理论，在我看来是一个原则性的错误，而且在实践中问题更为严重。尽管心灵科学还不完善，但我敢毫不顾忌地断定，它已远远领先于生理学中与之对应的部分；在我看来，为了后者而抛弃前者，违背了归纳哲学的真正法则，必定会，而且确实已经在某些非常重要的人性科学部门中导致错误的结论。

三、心理学的主要研究特征

因此，**心理学**的主题是演替的齐一性，是终极规律或派生规律，它们决定了心理状态的演替：一种状态由另一种引起，或至少它的随之出现是由另一个引起。在这些规律中，有的是一般的，其他的则比较特殊。下面是最一般的规律的例子。

首先，任一意识状态无论什么时候曾在我们身上被激发，不管出于什么原因，较低程度的相同意识状态以及较弱强度的相似意识状态也能够在我们身上再次产生，而无需最初激发它的那个原因在场。因此，如果我们曾经看到或触碰到一个对象，之后可以在它离开我们的视线或触觉时想起它。如果我们曾经由于某件事而感到高兴或悲伤，尽管没有发生令人愉快或痛苦的新事情，我们也能想起或记住过去的高兴或悲伤。当一位诗人把一个想象的对象，如懒惰城堡（Castle of Indolence）、尤娜（Una）或哈姆雷特（Hamlet）组合成一幅心灵图像时，他以后不需要任何新的理智组合行为，就能想起他所创造的假想对象。这条规律用休谟的话来表达就是，每个心理印象都有其观念。

其次，这些观念或次级的心理状态是由我们的印象或其他观念根据某些所谓的**联结规律**激发的。其中第一条规律是，相似的观念容易彼此激发。第二条是，当两个印象经常同时或前后演替时被体验到（甚至被想到），无论什么时候其中一个印象或者对它的观念产生了，都容易激发对另一个印象的观念。第三条规律是，两个印象之一或二者同时强度越大，在它们互相激发时，其结合的频率就越高。这些都是关于观念的规律，在此我不准备展开，不过推荐读者参考专业的心理学著作，尤其是詹姆斯·密尔[2]先生的《人类心灵现象分析》（*Analysis of the Phenomena of the Human Mind*），此书详尽熟练地用例子展示了主要的联结规律及其诸多应用。

这些简单或基本的**心灵规律**是通过常规实验研究方法确定的，而不能用其他方法确定。不过，一定数量的基本规律就此获得之后，它们在说明实际现象上究竟能走多远，完全是一个科学研究的主题。显而易见，复杂的思想和感受规律不仅可以，而且必定是产生于这些简单的规律。值得注意的是，并非所有的情况都牵涉**原因的构成**：并发原因导致的结果并非总是恰好等于其中每个原因的结果之和，甚至不总是类型相同的结果。回到那个在归纳理论中占据突出地位的区分，心灵现象的规律有时候类似于力学规律，有时候又类似于化学规律。当许多印象或观念一起出现在心灵中时，有时候发生了一种类似于化合作用的过程。当印象在结合中被经常体验到，以至于其中的每一个都能轻而易举地瞬间唤起整个群体的观念时，这些观念有时候会彼此融合，呈现一个而不是若干观念，就像当光谱七色连续快速地呈现给眼睛时产生的感觉是白色一样。但是在后一种

---

2 詹姆斯·密尔（James Mill，1773—1836年），本书作者的父亲，英国哲学家、历史学家和经济学家，功利主义的主要代表人物。——译者

情况中，正确的说法是，当七种颜色快速相继时会生成白光，而不是它们实际上是白的；因此我认为，由几个相对简单的观念结合而成的**复杂观念**，当它真的显得简单时（也就是说，当各个元素不能在其中被有意识地区分时），应该说是产生于简单观念或是被简单观念生成，而非由它们组成。我们对橙子的观念确实是由一定颜色、一定形状、一定味道和气味等简单的观念组成，因为我们能够通过咨询我们的意识来知觉到观念中的所有这些元素。但是在我们对物体形状的视觉知觉这样一种明显简单的感受中，我们无法感知所有来自其他感官的诸多观念，而没有后者，我们可以肯定，那样的视觉知觉就不会存在。同样，我们已经判决性地证明，广延的观念源自我们对肌肉阻力的一些基本观念，但是我们不能在前者中发现后者。因此，这些都是心理化学的例子，对于它们，正确的说法是，简单观念是生成而不是组成了复杂观念。

至于心灵的所有其他构成成分，其信念、深奥的构思、情感、情绪和决断，有些人（包括哈特利[3]和《人类心灵现象分析》的作者）认为，它们统统都是通过类似于我们刚才举例说明的化学反应从简单的感觉观念中产生的。这些哲学家已经努力证明了大部分论点，但我不满意的是他们有画蛇添足之嫌。他们已经表明了心理化学的存在，表明感受 A 相对于 B 和 C 的异质性并不能判决性地证明它不是产生于 B 和 C。在证明了这一点后，他们接着表明在发现 A 的地方，B 和 C 出现过，或者可能出现过；于是他们问，为什么 A 不能由 B 和 C 产生呢？但是，即使这一证据被推到极致，即便人们已经表明（迄今为止，在任何情况中都还没有），任何时候更深奥的心理感受被体验

---

3 哈特利（David Hartley，1705—1757 年），英国哲学家、医生、联结主义心理学创始人之一，著有《对人的观察：其构造、责任和期望》(*Observations on Man: His Frame, His Duty, and His Expectations*)。——译者

到，某些被联结起来的观念群非但可能已经出现，而且实际上已经出现过，这也只不过相当于**契合法**，并不能证明因果关系，除非被**差异法**这种更有说服力的证据所证实。如果问题是**信念**是否只是观念的紧密联结，那么我们有必要通过实验检查，是否任何观念只要其联结达到了所要求的紧密度，就会产生信念。如果我们要研究道德感受的起源，比如说对道德谴责的感受，那就有必要比较那些在道德上不被认同的各种行为或心灵状态，看看在所有这些情况中，我们能否表明或者能否合理地推测，在表达不赞成态度的心灵中，那种行为或心灵状态通过联结与某个特定类型的憎恶或恶心观念结合起来了。仅此而言，此处被采用的方法就是**契合法**。但还不够。假设这被证实了，我们必须进一步运用**差异法**来考察，当这种特定类型的憎恶和恶心观念与先前中立的行为联结起来时，是否会使该行为成为道德上被谴责的对象。如果这个问题能得到肯定的回答，那么我们就已经展示了人类心灵的一条规律：符合上面描述的联结是道德谴责的产生原因。尽管这极有可能，但实验还没有以完全且绝对确定的归纳所要求的精确程度被实施。

需要进一步谨记的是，即使这种心理现象理论的全部主张都能够得到证明，也不会更能使我们把较复杂感受的规律解析为较简单感受的规律。一类心理现象生成另一类心理现象，无论何时被证实，在心理化学中都是非常有趣的事实；但它不能取代对被生成现象进行实验研究的必要性，就如对氧和硫的属性的知识并不能使我们不经具体观察和实验就演绎出硫酸的属性。因此，我们从比较简单的心理现象来说明判断、欲望或决断的起源，无论最终结果如何，还是有必要遵守**归纳**法则，利用专门研究来确定复杂现象本身的序列。比如说**信念**，心理学家必须一如既往地探究我们直接意识到的信念有哪些，一种信念产生另一种信念遵从什么样的规律；心灵正确或错误地认识到一件事情是另一事情的证据，依据的规律是什么。关于**欲望**，他们必须考察我们的天然欲望对象是什么，是什么原因促使我们去欲求原本无关紧要甚至令人不快的事物；等等。值得一提的是，适用于较简单心灵状态的一般联结规律也适用于较复杂的心灵状态。欲望、情绪、更高层次的抽象观念，甚至我们习惯性的判断和决断，因为联结而被唤起时，遵从与简单观念完全一样的规律。

四、心理事实与生理条件的关系

在这些研究过程中，考察心灵状态的相互生成在多大程度上受某种确定的身体状态的影响是自然且必要的。最常见的观察表明，不同心灵对相同心理原因引起的行为的感受性截然不同。例如，对某一特定可取对象的观念会在不同心灵中激发强度大相径庭的欲望。同一个思考主题对不同的心灵激发程度非常不同的理智活动。不同个体在心理感受性上的这些差异可能是：第一，初始的和最终的事实，或者第二，个体以前的心理历史的结果，或者第三，也是最后，它们可能取决于身体组织的多样性。个体以前的心理历史在产生或改变其整个心理特征方面必然起一定作用，这是心灵规律不可避免的结果；但是生理结构的差异也会协同发挥作用，这是所有生理学家的观点，而且已经被普遍的经验所证实。遗憾的是，迄今为止，这种未经充分分析就被广泛接受的经验已经成为经验概括的基础，对真正知识的进步造成了极大损害。

不同个体的心理倾向或感受性存在天然差异，它们无疑经常与其身体构造的多样性有关。但这并不意味着肌体差异必定在所有情况下都会直接和立即影响心理现象。它们常常是通过作为中介的心理原因来影响它们。例如，关于某种特定快乐的观念，甚至可能独立于习惯或教育，在不同个体身上激发出强度大不相同的欲望，这或许是它们不同程度或类型的神经感受性导致的结果；但是我们必须谨记，这些肌体差异会使其中一个人比另一个人更强烈地感受到快乐的感觉，因此快乐观念也将是一种更强烈的感受，会通过纯粹心理规律的运作，激发一更强烈的欲望，而不必假定欲望本身直接受到生理特殊性的影响。许多情况跟这一样，其中身体组织的差异必然导致生理感觉在类型和程度上的差异，后者本身就可以说明其他心理现象在程度上，甚至在类型上的许多差异。因此，仅仅是感觉强度的差异，一般就会自然地产生不同的心灵性质、不同类型的心理特征，正如前面章节[4]提到的马蒂诺[5]先生在那篇研究普里斯特利博士[6]的精彩论文中所指出的：

> 形成所有知识元素的感觉或者是同时，或者是依次感受到的；当若干感觉，如一种水果的气味、味道、颜色、形状等，被同时感受到时，它们的联结一道构成了我们对一个对象的观念；当它们被依次感受到时，它们的联结组成了对一个事件的观念。因此，任何有利于同时性观念的联结的因素都有助于产生对对象的知识和对性质的知觉；而任何有利于演替秩序中的联结的因素都有助于产生对事件、事件发生秩序和因果联系的知识：换句话说，前一种情况的结果是一个有知觉力的心灵，具有对事物的快

---

[4] 指《推理和归纳的逻辑体系》的第三本《归纳》（Book Ⅲ, Chap. ⅹⅲ）。——译者

[5] 詹姆斯·马蒂诺（James Martineau, 1805—1900 年），英国一神论神学家、哲学家，著有《宗教研究》（The Study of Religion）、《宗教权威》（The Seat of Authority in Religion）等。——译者

[6] 约瑟夫·普里斯特利（Joseph Priestley, 1733—1804 年），英国自然哲学家、化学家、牧师、教育家和自由政治理论家，对气体特别是氧气的早期研究做出过重要贡献。——译者

乐或痛苦属性的不同感受，能产生对壮观和美丽的感知；后一种情况的结果是一个关注运动和现象的心灵，一个有推理能力和哲学头脑的理智。现在人们公认的一条原理是，在任何生动印象的呈现过程中，被体验到的所有感觉都会与该印象以及彼此之间紧密联结；这难道不意味着，有感知能力的构造（即具有生动印象的构造）中的同时性感受比在不同构造的心灵中的同时性感受要结合得更紧密吗？如果这种看法有真实的基础，它就会导出一个不无重要的推论：当自然赋予个体以伟大的初始感受性时，他可能因为对博物学的热爱、对美丽和伟大的憧憬，以及对道德的热情而与众不同；如果他只有一种普通的感知力，可能会产生对科学和抽象真理的热爱，但缺乏品位和热情。

从这个例子中我们看到，当心灵的一般规律被更准确地认识，尤其是被更熟练地应用到对心理特殊性的详细解释时，它们能说明的特殊性比人们通常认为的多。遗憾的是，最近两代人对18世纪哲学的反对导致了对这一重要分析研究部门的普遍忽视，因此，这种研究的新近进展远配不上它早期的承诺。那些思考人性的人多数乐于教条式地认定，他们在人身上察觉到或认为自己察觉到的心理差异是无法说明和改变的终极事实；他们不愿意花费心思通过必要的思考过程找到心理差异的外部原因，其实外部原因发挥了主导作用，没有它们，心理差异就不会存在。尚未失去在欧洲思想领域中临时支配地位的德国形而上学思辨学派，除了许多其他的有害影响外，还带来了上述恶果；而在相反的心理学一端，在对真正科学精神的这种背离上，没有哪位作者，无论是早期的还是近来的，比孔德担负的责任更大。

至少就人类而言，教育和外部环境的差异无疑能够充分说明大部分性格，其余部分则在很大程度上可以归因于同一外部或内部原因在不同个体中产生的生理感觉上的差异。不过这些说明模式似乎在某些心理事实上行不通。最典型的例子是动物的各种本能以及对应于它们的那部分人性。目前还没有人甚至以假说的方式提出一种模式，能够仅用心理学的原因为这些例子提供满意甚至看似有理的说明；而且我们完全有理由认为，如我们的纯粹感觉一样，它们与大脑以及神经的生理条件之间也存在着真实甚至直接和即时的联系。这个假设（也许我们有必要补充一句）绝对不会与下述无可争辩的事实相矛盾：其他心理因素以及教化可以在任意程度上降低甚至完全克服人身上的这些本能，甚至在相当大的程度上降低、克服一些驯养动物的本能。

肌体原因是否对其他类型的心理现象产生直接影响，这就如肌体条件（就连在本能的情况下）的确切本质一样，迄今远未确定。不过大脑和神经系统的生理学正在快速发展，并持续产生新的精彩结果。如果大脑及神经组织结构中可以被感知到的任何变化与心理特殊性之间确实存在联系，那么此联系的本质现在很有希望被发现。大脑生理学的最新发现似乎已经证明：任何可能存在的这种联系所具有的特征与盖尔[7]及其追随者所认为的大相径庭；无论将来在这个主题上会出现什么样的正确理论，至少颅相学是站不住脚的。

---

[7] 弗朗茨·约瑟夫·盖尔（Franz Joseph Gall，1758—1828年），德国医生和解剖学家，他以颅相学领域的研究而闻名。盖尔认为，大脑是所有心理活动的源头，不同区域的大脑负责特定的心理功能。——译者

第五章 性格学或关于性格形成的科学

一、人性的经验规律

上一章描述的心灵规律组成了人性哲学的普遍或抽象的部分；共同经验的全部真理构成了人类的实践知识，由于它们是真理，因此必定是那些心灵规律的结果或逻辑后承。这些熟悉的准则，当从生活观察中经验性地得出时，就是在**归纳**分析中经常被称作**经验规律**的科学真理。

记住，一条**经验规律**是一种齐一性，无论是关于演替的还是关于共存的，这在我们观察范围内的所有情况中都成立，但超出此范围就说不准了，或者是因为后果并非前因的真正结果，而是与它一道部分地构成了结果链条，产生于尚未确定的先行原因；或者是因为我们有理由相信该序列（尽管是因果关系的例子）可以分解成一些更简单的序列，因此取决于几种自然动因的共同作用，大有可能被抵消。换句话说，一条经验规律是一种概括，我们不仅要发现它是真的，还得追问它为何是真的？因为我们知道，它的真理性不是绝对的，而是依赖于一些更一般的条件，只有确保条件得到实现，我们才能依赖它。

这样看来，从常见经验中收集到的与人类事务有关的观察正是属于这种类型。即使它们在经验范围内是普遍且相当正确的（它们从来就不是如此），仍然不是人类行为的终极规律；它们不是人性原理，而是那些原理在人类偶然置入的环境下的产物。当诗篇作家[1]"贸然说所有人都是撒谎者"时，他表达了在某些时代和国家里被充分的经验所证实的结论；但是，"人的本性是撒谎"并非规律，尽管当若干外部环境，尤其是容易催生习惯性的不信任和恐惧的环境普遍存在时，撒谎几乎会普遍化，这是人性规律的结果之一。长者的性格是谨慎，而年轻人的是冲动，这同样只是一条经验规律，因为年轻人冲动不是因为他们年轻，长者谨慎并非因为他们年长。这主要（如果不是全部）是因为，长者在其漫长生涯中通常经历了各种各样的不幸，见识了自己或他人由于不慎而导致的悲剧，从而获得了有利于谨慎的联结；而年轻人缺乏类似的经验，加上他们更富冒险精神的个性，更容易使自己卷入其中。在这里，一是对经验规律的说明，一是最终决定此规律是否有效的条件。如果长者并不比年轻人更多地接触危险和困难，他同样会不谨慎；如果年轻人并不比长者具有更强的个性，他很可能不会那么有冒险精神。经验规律从因果律中获得它的真理性，前者是后者的结果。如果我们知道这些因果律，我们就知道从其派生的经验规律的界限；而如果我们尚未解释经验规律——如果它还只是停留在观察上面，那么一旦超过做出观察的时间、地点和条件范围，对它的应用就是不可靠的。

因此，真正的科学真理不是经验规律，而是用以解释它们的因果律。有些现象由已知原因决定，因此关于它们的一般理论能被建构；而相关的经验规律，无论在实践上有何价值，在科学中的作用只是验证理论的结论。当大多数经验规律甚至在观察范围内也仅仅等价于近

---

[1] 诗篇作家（Psalmist），《圣经》中的一位作者，通常被认为是大卫王及其后代，其作品被收录在《旧约》的《诗篇》（*Psalme*）中，大多是赞美上帝，寻求帮助和保护，以及对生活中的困难和挑战的反思。——译者

似概括的时候，情况就更是如此。

二、它们只是近似概括。普遍规律是性格形成的规律

不过，并不像人们有时候认为的那样，只有所谓的道德科学才出现这种情况。经验规律只有在最简单的科学分支中才可能完全正确，甚至在这些分支中也并非总是如此。例如，在所有具体地说明自然事件实际进程的科学中，天文学是最简单的。决定天文现象的原因或动力，在数量上比决定任何其他重要自然现象的都要少。因此，由于每个结果只产生于很少原因的逐角，所以我们可以预期这些结果中存在极高的规则性和齐一性；而这的确是实情：它们有固定的秩序和重复周期。但是，要绝对正确地表达一个行星完整周期内的全部连续位置的命题，具有几乎无法掌控的复杂性，而且只能停留在理论层面。在此主题上通过直接观察所获得的概括，甚至是开普勒定律，也只是一种近似：由于相互间的摄动，行星并不是按照精确的椭圆轨道运行。因此，即便在天文学中，我们也不要指望纯粹经验规律的绝对精确性，更不用说在更为复杂的研究主题中了。

这个例子还表明，针对终极规律的普遍性甚至简单性，以确立结果的经验规律（近似规律除外）的不可能性为前提能够推导出的结论少之又少。导致一类现象产生的因果律可能很少，很简单，然而结果本身可能多种多样且非常复杂，以致我们无法探索到任何贯穿始终的规则性。有关现象可能具有高度的可塑性，因为无数环境都能影响结果，尽管它们依据的规律可能极少。假设人类心灵中发生的一切都是由一些简单的规律决定，如果这些规律是这样的：没有任何与人有关的事实或发生在他身上的事件，不以某种模式，或不在一定程度上影

响他随后的心理历程；另外，如果不同的人处所的环境非常不同，那么我们不必奇怪的是，表达他们的行为或感受的细节并适用于所有人的命题，极少能被提出。

现在，不管心理本性的终极规律少还是多，至少可以肯定的是，它们就是上面描述的那种情形。生活中的一切或暂时或永久地改变着我们的心理状态、心理官能，以及感受性。因此，考虑到这些起改变作用的原因在两个个体身上会有所不同，可想而知，与人类心灵有关的经验规律，与人类感受或行为有关的、在不参考决定它们的原因的情况下就被做出的概括，只能是近似的概括。它们是日常生活的共同智慧，因而无比珍贵，尤其是当它们多数用在与获得它们的情形相差不太远的情况时。但是，当来自英国人的这类准则被运用到法国人身上时，或者当来自目前的准则被运用到过去或未来的几代人时，它们往往会出现很大的偏差。我们只有把经验规律化归为决定它的原因规律，并确定那些原因延伸到了我们所关注的情况中，我们的推理才是可靠的。因为每个人都处在与其他人不同的环境中，每个国家或每一代人都不同于其他国家或另一代人，这些差别都可能导致不同性格类型的形成。一定的一般相似性也确实存在，但是环境的特殊性一直在制造例外，甚至是对于在大多情况中都成立的命题而言的例外。

虽然几乎没有哪种感受或行为模式在绝对意义上为全体人类所共有，虽然断言行为或感受多样性将会被普遍发现的概括无论在既定的观察范围内多么接近真理，都不会被熟悉科学研究的人当作科学命题；但是人类所有的感受或行为模式都具有它们赖以产生的原因；而且在指定这些原因的命题中，我们会发现对经验规律的说明，以及限制我们信赖它们的原理。人类在相同的环境中并不具有完全相似的感受和行为，但是我们有可能确定，是什么使得一个人在某种环境下以一种方式去感受或行动，使另一个人以另一种方式感受或行动；我们有可能确定，与一般人性规律（生理的和心理的）相一致的某种感受或行动模式何以被形成，或何以可能形成。换句话说，人类没有一种普遍的性格，但是存在着**性格形成**的普遍规律。而且，正是由于这些规律同各种具体情况下的事实相结合，才产生了人类行为和感受的全部现象，因此出于实践目的而建构具体人性科学的合理尝试都必须以它们为基础。

三、性格形成的规律不可能由观察和实验来确定

因此，人性科学研究的首要目标是性格形成的规律，至于最适合确定规律的研究方法，还有待定夺。而决定此问题的逻辑原理必定支配着对非常复杂现象的规律的任何其他研究。因为显而易见的是，任何人的性格以及形成性格的总体环境都是高度复杂的事实。对于这类情况，现在我们已经看出，从一般规律出发，并用具体经验验证其结论的**演绎法**是唯一适用的方法。这一伟大的逻辑学说的基础已经在前文中阐述过，而我们对当前题材的特点的简要考察，会进一步增强它的真理性。

确定自然规律的模式只有两种：演绎的和实验的，包括以实验研究为名的观察和人工实验。性格形成的规律能否靠实验方法获得满意的研究？显然不能，因为即使我们可以不受限制地改变实验（抽象地说这是可能的，但是除了东方的暴君外，谁也没有这种能力），也缺少一个更关键的条件：以科学的精确性来完成任何一项实验的能力。

要对性格形成进行直接的实验研究，需要以一定数量的人作为实例，把他们从婴儿期教育到成年期；要以科学精神来开展任何这样的实验，就必须了解并记录儿童远在能说话之前的各种感觉和印象，包

括他自己对那些感觉和印象的来源的想法。要完全做到这点是不可能的，甚至要达到尚可接受的近似都不可能。一个表面上无足轻重、脱离我们注意力的环境，都有可能带来一系列的印象和联结，足以造成原本用于展示给定原因产生某些结果的实验的失败。没有哪位充分反思过教育的人会不知道这条真理；而那些没有反思的人会发现，卢梭[2]和爱尔维修[3]已经在与那一重要主题相关的著作中做了极具启发性的阐述。

我们在研究性格形成规律的时候，不可能使用特意设计出来阐释它们的实验，但是有简单观察这种资源。不过，如果我们自己在塑造影响因素的过程中，都不可能比较完美地确定它们，那就更不可能在远远超出我们的观察范围、在完全不受我们控制的情况中确定它们。想想第一步的困难性：确定每个被考察的具体事例中个体的性格究竟是什么。几乎对于任何一个活人来说，即使他亲近的熟人对其关键性格也存在着看法上的差别；而单个行为或暂时的举动对于确定它的作用微乎其微。我们只能粗略地从整体上做出观察，别想着去完全确定任何给定情况下已成形的性格，更不用说是由于什么原因了；我们只能观察先前在什么样的环境状态下，某种突出的心理性质或缺陷最常存在。这些结论纯粹是近似的概括，都不值得信赖；除非实例足够

---

[2] 让-雅克·卢梭（Jean-Jacques Rousseau，1712—1778 年），18 世纪法国哲学家、政治思想家，启蒙运动的代表人物之一，其思想对于法国大革命和欧洲文化的发展产生了深远的影响。卢梭的代表作品包括《社会契约论》（*The Social Contract*）、《爱弥儿，或论教育》（*Emile, or On Education*）和《忏悔录》（*Confessions*）等，其中提出了一系列关于政治、教育和人性的观点，被认为是社会契约论和自然主义的代表人物之一。——译者

[3] 克劳德·阿德里安·爱尔维修（Claude Adrien Helvétius，1715—1771 年），法国哲学家、启蒙思想家，以其对教育、政治和道德的激进观点而闻名，被视为 18 世纪后期社会变革的推动者之一。爱尔维修最著名的著作是《论精神》（*De l'Esprit*），其中提出了一种机械主义的观点，认为人类的思想和行为完全是由环境和教育决定的。——译者

多，不仅能消除偶然性，而且能消除一系列被考察的事例中可能相互类似的每个可归因的环境。形成个体性格的环境数量如此之多，差别如此之大，以致任何具体组合的产物很少是某种确定的、具有鲜明特征的性格，并且总是在那种组合存在的地方而非其他地方被发现。即使做最广泛和最精确的观察，我们获得的也只是一个比较的结果；例如，被随机选出的法国人和同等数量的意大利人或英国人比较起来，会有更多的人具有一种特殊的心理倾向，而有相反倾向的人较少；或者这样说，一百个法国人和同等数量的英国人，以同样的方式被挑选出来，并根据他们具有的某一特定心理特点的程度加以排列，我们会发现一个系列中的编号1、2、3比另一系列的相应编号具有更多的那种特点。因此，比较不是类别的比较，而是比例和程度的比较；差别越小，就需要用更多的实例来排除偶然性；因此很少有人能以足够的精确度了解足够多的实例来完成上述比较；而数量一旦达不到要求，就无法构成真正的归纳。因此，关于民族、阶级或各色人等的性格，目前还没有一种被普遍认可的、不容置疑的观点。

最后，即使我们通过实验方法获得了那些概括的保证，并且比其实际可能的情况要令人满意得多，它们仍只是经验规律。它们的确可以表明所形成的性格类型与相关环境之间有某种联系，但不能表明联系究竟是什么，也不能表明结果究竟产生于那些环境的哪些特殊性。因此，它们只能作为因果关系的结果而被接受，需要化归为关于原因的一般规律。只有这些一般规律被确定了，我们才能判定，在什么范围内派生规律可以作为未知情况中的推理前提，甚至在引出这些规律的那些情况中作为永久的依据。法国人民曾经具有或被认为具有某种民族性格，但是他们驱逐了王室家族和贵族，改变了社会制度，经历了近一个世纪的一系列非同寻常的事件，最后在那段时期结束时，他们的性格已经发生了重大变化。男女之间被观察到，或者被认为存在一长串的心理差异和道德差异；但我们可以希望，在不远的将来，男女拥有平等的自由和同样独立的社会地位，其性格差异或者被消除，或者完全改变。

但是，如果我们认为自己观察到的存在于法国人与英国人之间或男性同女性之间的差异，能够与更一般的规律联系起来；如果它们是由两个国家的政府、历史习俗和生理特殊性的差异，由教育、职业、人格独立和社会特权的多样性，以及两性在体力和神经感受性上的原始差异造成；那么，两类证据的巧合确实使我们有理由相信，我们的推理和观察都是正确的。我们的观察尽管作为证据不够充分，但足以被用作验证。此外，如果我们不仅确定了经验规律，还确定了特殊性赖以产生的原因，就不难判断它们在多大程度上可以被看作固定不变的，或在什么情况下它们会被修正或消除。

四、它们必须被演绎地研究

因此，既然单单依靠观察和实验无法获得有关性格形成的真正精确的命题，那么我们只得去采用某种研究模式：即便它并非必不可少，也是最完善的研究模式，是哲学要推进的首要目标之一。这种研究模式的实验对象不是复杂事实，而是构成它们的简单事实；在确定了导致复杂现象的原因的规律之后，再考虑这些规律能否解释和说明那些被经验性地构造的、与那些复杂现象序列有关的近似概括。简而言之，性格形成的规律是派生规律，利用演绎法从心灵的一般规律推导出来，其做法是：先假定一套环境，然后考虑那些环境根据心灵规律会对性格形成产生什么影响。

这样就形成了一门科学，我提议称之为**性格学**，或**性格科学**，来自于êthos，相较于同一语言中的其他词汇来说，它更接近我这里使用的"性格"（character）一词。此命名也许在词源上更适用整个心理和道德本质的科学；但是，如果我们按惯例把**心理学**这个名称用于心灵基本规律的科学，那么**性格学**就是一门后续（ulterior）科学：它确定任何一组物理和道德环境依照那些普遍规律会产生什么类型的性格。按照这种定义，**性格学**是与教育行为相对应的科学，从其最广泛的意义来说，包括国家或集体性格以及个体性格的形成。然而，即便我们可以完美地确定性格形成的规律，也不用徒劳地期待我们能准确地预测特定情况下形成的性格。不过我们必须记住：其程度远不足以做出实际预测的知识，往往有很大的实践价值。有些现象可能影响很大，然而在给定的事例中，它们究竟是由什么原因决定的，我们的知识可能非常不完善。但是我们只要知道某些方式具有产生特定结果的趋势、其他方式具有阻止它的趋势就够了。当个人或国家所处的环境在很大程度上处于我们的控制之下时，我们可以依靠我们对于趋势的知识来以一种方式塑造环境，使其比原本的情况更有利于对目标的追求。这是我们能力的极限，但是在此限度内，它极其重要。

这门**性格学**可以称为**人性的精确科学**，因为它的真理不像依赖于它们的经验规律那样只是近似概括，而是真正的规律。然而，（就像在所有复杂现象的情况中一样），就命题的精确性而言，它们必定只是假说性的，而且只断定趋势而非事实。它们不应该断言某事总是或必定会发生，而只能断言，如无意外，如此这般之事是某种原因的结果。"体力趋向于使人勇敢"是科学命题，而"体力总是使人勇敢"则不是；偏私立场趋向于产生有偏见的判断，而不总是如此；经验趋向于带来智慧，但并非总是有这种效果。这些命题只断言趋势，但不会因为趋势可能受阻而失去它的普遍真理性。

五、性格学的原理是心理科学的中间公理

另一方面，**心理学**完全或主要是一门观察和实验科学，而我所构想的**性格学**，就如前面所述，完全是演绎性的。心理学是从整体上确定**心灵**的简单规律，而性格学是追溯这些规律在复杂环境组合中的运作。**性格学**与**心理学**的关系非常类似于自然哲学的各个分支与力学的关系。**性格学**的原理实则是中层原理，是心灵科学的中间公理（培根会这么说）：一方面有别于从简单观察而来的经验规律，另一方面有别于最高概括。

这似乎是一个适合做逻辑评论的地方，尽管它普遍适用，但对于目前的主题来说具有特殊的重要性。培根睿智地观察到，每门科学的中间公理实际上构成了其价值所在。最低概括，除非被产生它的中层原理说明并化归为它们，否则只具有经验规律的不完全精确性；而最一般的规律则过于笼统，包含的环境因素太少，无法充分说明环境极其复杂的具体案例中会发生什么。因此，对于培根在每门科学中都赋予中层原理以重要性，我们不可能不赞同他。但是我认为，在如何获得中间公理的问题上，他的学说是根本错误的，尽管其著作中有许多命题都值得高度称赞。他阐述了一条普遍规则，即归纳应该从最低原理到中层原理，从中层原理再到最高原理，永远不要倒转顺序，这就根本没有余地利用演绎法发现新的原理。如果在他生活的年代，处理演替现象的科学中有一门演绎科学的例子，如现在的力学、天文学、光学、声学等，那么凭他的聪明才智，是不可能犯这种错误的。在这些科学中，较高层和中层的原理决不是从最低原理中派生出来的，而是相反。在其中一些科学中，最高概括是最早以科学的精确性被确定的，比如力学中的运动规律。这些一般规律起初确实不具有公认的普

遍性，直到被成功地用来说明了最初看似不适用的许多现象类型时，比如，当运动规律与其他规律结合起来演绎性地说明天体现象的时候，其普遍性才得到承认。另外我们还需要注意一个事实：后来被认可为最普遍的科学真理的命题，在所有的精确概括中是最早被确定的命题。因此，培根最伟大的功绩不可能像道听途说的那样，在于戳穿了古人所追求的糟糕方法，即首先飞跃到最高层次的概括，然后从中演绎出中层原理；因为它既非有害，也未被驳倒，而是现代科学普遍认可的方法，也是它取得伟大成功的方法。古代思辨的错误不在于首先做出最大概括，而在于没有采用严谨的归纳方法来获得它们，并且在演绎地运用它们的过程中，没有对**演绎法**中被称为**验证**的这一重要部分进行必要的使用。

在我看来，具有不同普遍性程度的真理应该被确定的顺序不能由任何不可动摇的规则制定。我认为，在此主题上首先不是制定任何准则，而是在最早最完美地满足真正归纳条件的地方找到一些真理。现在，只要我们的研究手段能够到达原因那一层，而不只是停留在结果的经验规律上，那么最简单的情况就是最少原因同时涉及的情况，它们最适合于归纳程序，能引出具有最大普及性的规律。因此，在任何一门达到原因科学阶段的科学中，首先获得最高的概括，然后从中演绎出更具体的概括，是通行的、可取的做法。培根准则深受后继者的称赞，但我发现它的基础只有一点，即在我们尝试从更一般的规律中演绎性地说明任何新现象类型之前，只要可行，就尽量深入确定那些现象的经验规律，不要把演绎结果同一个个具体事例进行比较，而是与表达在许多事例中发现的契合点的一般命题相比较。如果牛顿被迫验证引力理论，不是通过从开普勒定律中演绎出来该理论，而是通过演绎出开普勒定律利用的所有被观察到的行星位置，那么牛顿理论或许永远只停留在假说状况。

这些评论对所考虑的特殊情况的适用性绝无疑问。性格形成的科学是关于原因的科学。确定因果律的一些归纳法则能严格地应用到这个主题。因此，首先确定那些最简单的、也必然是最普遍的因果律，然后从它们演绎出中层原理，既自然又可取。换句话说，**性格学**这门演绎科学是**心理学**这门实验科学的推论体系。

六、性格学的特征

在心理学和性格学中，前者实际上已经被当作一门科学加以研究，而后者，**性格学**，还有待创建。不过它的创建总算变得可行了。用于验证其演绎的经验规律已经被一代又一代的人大量地提出，而且演绎的前提现在业已非常完备。除了个体心灵的天然差异范围以及可能决定这些差异的生理因素存在一定的不确定性外（当我们平均地或笼统地看待人类时，这些考虑就不那么重要了），我相信大多数有资格评判的人都会承认，关于人性不同组成要素的一般规律现在就已经被充分地理解了，使得有能力的思想家能够依靠演绎法，以相当大的确定性从那些规律中推导出，在任何假定的环境集中，人类一般会形成哪种特定类型的性格。因此，以**心理学**规律为基础的**性格学**是可能的，尽管我们为它的形成还做得很少，而且所做的那一点也不系统。这门重要但极不完善的科学的进展将依赖于一个双重程序：首先，从理论上演绎出特定环境中的性格学结论，把它们与公认的共同经验结果进行比较；其次，反向操作——深入研究世界上各种类型的人性，从事该项研究的人不仅要善于分析和记录这些人性类型各自盛行的环境，还要充分熟悉心理学规律，能用环境的特殊性说明和解释人性类型的特点；至于剩余的部分，如果被证实还存在的话，就归结为先天倾向。

关于这一程序的实验性或后验部分，材料随人类的观察而不断积累。就思维而言，**性格学**的一大问题是从**心理学**的一般规律演绎出所需要的中层原理。有待研究的主题是人类所有有趣的性质的起源或源泉，它们或者是我们要制造或避免的事实，或者是只需要理解的事实；而目标是从心灵的一般规律出发，结合我们人类在宇宙中的整体地位来确定究竟什么样的环境组合（实际的或可能的）能促进或阻止这些性质的产生。如果一门科学包含了这种类型的中层原理，而且它们不是按照原因，而是按照我们希望制造或避免的结果的顺序进行排列，就为相应的艺术奠定了基础。当**性格学**如此准备妥当时，实践教育就完全是那些原理向平行指导体系的转化，并使它们适用于各个特定情况中的总体个别环境。

几乎不用再次重复的是，在每一门演绎科学中，后验验证必须与先验演绎齐头并进。理论关于特定环境下的性格类型所做的推断，只要可能，就必须用那些环境中的具体经验来检验；这门科学的结论必须依据当代有关人性的共同经验和过去历史提供的一般评价，从整体上做出持续的验证和修正。理论的结论只有被观察证实了，才能予以信任；而观察的结论只有通过演绎法从人性规律、从对特定情景的细致分析中推演出来，从而被归属到理论时，才能被相信。正是这两种被分开采纳的证据的符合，即先验推理和具体经验的一致，构成了**性格学**这种"沉浸于物质"（immersed in matter）、处理如此复杂和具体现象的科学的原理的唯一充分基础。

第六章 对社会科学的一般考虑

一、社会现象是科学主题吗？

在研究个人的科学之后，接下来是研究社会中的人的科学，即研究人类集体行为以及构成社会生活的各种现象的科学。

如果说个体性格的形成已经是一个复杂的研究主题，那么至少从表面上看，这个主题必定更为复杂，因为比起单一的个体来说，一个国家或整个人类会面对更多心理上和物理上的能动者的作用，因此对总体结果或多或少产生影响的并发原因在数量上会更多。如果为了反对一种现存的偏见，我们有必要证明两个中较简单的一个能成为科学主题，那么此偏见可能更强烈地反对赋予**政治学**和**社会现象**研究以科学特征的可能性。与此相应，尽管几乎自有记载以来，此主题本身已经受到最广泛的关注，一直是引发人们热烈讨论的题材，但是对政治科学或社会科学的构思最近才出现在隔世思考者的心中，整体来说远没有为其实现做好准备。

事实上，作为一门知识分支，政治学直到最近还没有摆脱培根所批判的那种状态——科学的原始状态，其培育被扔给了实践家；它不是作为一种思辨性的研究分支来开展，而是为了满足日常实践的迫切需要，因此它只盯着实际效用，几乎排除了理论探究。在生理学和博物学开始作为一般知识分支被发展之前，医学研究就是这种状况。人们只研究什么样的饮食有益健康，什么样的药物能治疗某种特定的疾病，却没有先去系统地研究营养规律以及不同器官的健康和病态表现的规律，而这些规律显然决定了饮食或药物的效果。在政治学中，引起广泛关注的问题是相似的：诸如此类的法令或政府形式，泛泛而言，或者对于某一特殊的共同体而言，是有益还是有害的？而没有事先研究决定立法措施的运行或政府形式发挥作用的整体条件。就这样，政治学的学生在他们打下社会体生理学的必要基础之前，就试图研究它的病理学和治疗学，在不理解健康规律的情况下就去治疗疾病。结果就像人们（即便很有能力）在某门科学较简单和较基本的真理被建立之前就试图去处理复杂的科学问题时总会发生的情况。

难怪当社会现象极少从科学视角来思考时，社会哲学的进展寥寥可数；它包含的一般性命题很少足够精确和确定，以至于普通研究者无法认可它们的科学特征。与此相应，大众认为，对政治和社会提出一般真理的所有主张都是江湖骗术；在这些题材上不存在普遍性和确定性。可以部分为这一广泛想法辩解的是，从某种特定的意义上来说，它并非没有根据。很多自诩为哲学政治学家的人试图建构普遍的指导，而非确定普遍的次序。他们构想出适用于所有情况的政府形式或法律体系；这种企图的确应该受到实践者的嘲笑，它与医学（从这个主题的性质来说，政治学是最接近的学科）之间的类比也完全不支持这种企图。现在没有人认为一种药物可以治愈所有疾病，即便是所有体质中的相同疾病。

即使对于一门科学的完善来说，对应的艺术也不需要具有普遍的甚至一般性的规则。社会现象不仅可能完全取决于已知的原因，而且所有这些原因的作用模式也可能化归为相当简单的规律，不过没有哪两种情况能以完全相同的方式得到处理。在不同情况下，结果所依赖的环境差异太大,以至于除了"根据具体环境调整措施来适配它们依科学原理产生的结果"以外,这门艺术可能没有一条单一的一般性指导。但是,尽管在如此复杂的科学主题中,我们不可能制定普遍适用的实践准则,不过这并不意味着那些现象不遵循普遍规律。

二、此社会科学必定是什么性质

所有社会现象都是人性现象,是由外部环境作用于人类大众而产生的;因此,如果人类思想、感受和行为的现象都受固定规律的支配,那么社会现象也不能不遵循固定的规律,都是前因的产物。当然,即使我们对这些规律的知识有如天文学知识一样确定和完备,也千万不要指望它们能使我们像预测天体现象一样,预测几千年后的社会历史。不过确定性的差别不在于规律本身,而在于这些规律被应用到的数据。在天文学中,影响结果的原因少之又少,而且很少发生改变,即使少量的改变也遵从已知的规律;我们能确定它们现在如何,也能确定它们在遥远未来的任何一个时期会如何。因此,天文学中的数据与规律本身一样是确定的。相反,影响社会状况和进步的环境数不胜数,而且不断变化;尽管它们都根据原因而改变,因此服从规律,但原因众多,超出了我们有限的计算能力。更有甚者,对于这类事实我们无法应用精确的数字,这就给事先计算设置了一个无法逾越的界限,即使人类理智能力在其他方面足以胜任计算任务。

不过,如前所述,远不足以预测的知识对于提供指导来说可能价值极高。如果在任何社会事务的既定条件下,例如在当前欧洲或任一欧洲国家的现状中,社会科学能使我们理解,是什么原因造成它现在的这个样子,它是否容易发生变化以及发生哪些变化,其现状的每个特征在未来可能产生何种结果，利用何种手段可以防止、改变或加速那些结果，或是诱发不同类型的结果，那么这样的社会科学就臻于完善。我们希望能够确立一般规律，使我们在熟悉各个国家各个时代的个体环境下，帮助我们回答上述各种各样的问题；而且这项事业所预设的其他人类知识分支已足够先进，因此它的开创时机成熟了。这就是**社会科学**的目标。

为了更清晰地描述我所认为的社会科学真正方法的性质，最好是首先表明该方法不是什么，因此权宜之计是简要描述对社会和政府的恰当哲学思考模式的两种彻底误解；基于培根原理用严格的规则来处理政治学逻辑，这种观念在先进的思想家中流行以来，几乎所有思考或争论过这种逻辑的人或者明确地，或者更多是无意识地持有其中一种误解。如果"方法"一词能用于因为缺乏足够清晰的方法概念而引发的错误倾向，那么这些错误的方法可以被称为**实验**的或**化学**的研究模式，以及**抽象**的或**几何**的模式。我们先从前者着手。

第七章　社会科学中的化学或实验方法

一、从具体经验中演绎出政治学说的思维模式的特征

　　社会现象的规律不过是、也只能是集结在社会状态下的人类行为和激情的规律。不过，社会状态下的人仍然是人，其行为和激情服从个体人性的规律。集结到一起的人不是转化成另一种具有不同属性的实体，不像氢和氧不同于水，或氢、氧、碳和氮不同于神经、肌肉和肌腱。社会中人的属性只可能来自于，并且可以化归为个体人性的规律。在社会现象中，**原因复合**是普遍的规律。

　　因此，可以称为化学式的哲学思考方法忽视了这一事实，它的实施似乎根本没有考虑到作为个体的人在社会生活中的本性，或者考虑得非常少。政治或社会事务中以人性原理为基础的所有推理，被这类推理者扣上"抽象理论"的帽子加以反对。他们声称，为其观点和行为提供指导的，在所有情况下都是具体经验，无一例外。

　　这种思维模式不仅普遍存在于政治实践者那里，也普遍存在于那些（在一个无论多么无知的人都不会认为自己没有资格参与讨论的主题上）自称用常识而非科学指导自己的庞大阶层中，甚至经常得到那些有志当导师的人的支持，他们学富五车，熟知当今的思想，听过培根的教诲——要遵从经验，把结论建立在事实上而不是形而上学的教

条上；他们认为，利用直接实验的方法像处理化学事实一样处理政治事实，就表明了自己是真正的培根主义者，证明了他们的对手只是三段论者和学院派。然而，实验方法适用于政治哲学这种想法与我们对这些方法本身的合理构思不可共存，因此，自培根以后，化学理论从经验中得出的论据（尤其在这个国家，它们还构成了议会和竞选演说的主要内容），不管是在化学本身中，还是在任何其他的实验科学分支中，从未被承认为有效的论据类型。它们就是诸如此类的东西：禁止外国商品进口必定有助于国民财富，因为英国在此政策下繁荣起来了，或是因为实施它的国家一般都变得繁荣了；我们的法律、内部管理或宪法，出于类似的原因，都是优越的；还有来自历史事件——有雅典或罗马的、史密斯菲尔德火刑[1]或法国大革命——的没完没了的论据。

我不想浪费时间去反驳一些论证模式，在评估证据方面但凡有一点点实践经验的人都不可能被其蛊惑；它们从一个未经分析的事例中引出普遍适用的结论，或武断地把某个结果归因于其前情中的一个，而不对事例进行排除或比较。正当且明智的规则是不要与错误观点的最荒谬的形式斗争，而要与其最合理的形式做斗争。我们应该要求研究者熟悉实验研究的真正条件，能满足实现它们所需的条件。他应该足够博学，了解大量只需明证而非理论的帮助就能得到证明的历史事实；如果这些纯粹的事实经适当核对后能满足真正归纳的条件，他就有资格承担这项任务。

---

[1] 史密斯菲尔德火刑（fires in Smithfield），通常指的是在1555—1558年期间，英国女王玛丽一世为了恢复天主教在英格兰的统治而进行的大规模宗教迫害。此时期，数百名英国新教徒被判为异端并被处死，其中许多人被绑到木柴上，在史密斯菲尔德市场上被火烧死。这些事件成为英国历史上最著名和最残酷的宗教迫害之一。——译者

但是，我已经在第三本书的第十章[2]中充分表明，这样的企图根本没有丝毫成功的机会。在那里，我们考察了由复杂原因决定的结果能否成为基于观察和实验的真正归纳的主题；我们在最令人信服的根据上得出的结论是：它们不能。由于没有哪个结果像社会现象那样取决于如此复杂的原因，因此我们可以安全地把前面的陈述作为此问题的结论。不过这条逻辑原理对于一般的思想家而言还不熟悉，为了制造应有的印象，还需要一再坚持；而在所有情况中，当前的情况最能充分示例它，因此在把这条一般准则用于当前考察的一类研究的特殊性时，重述其基础是有所助益的。

二、在社会科学中实验是不可能的

在尝试把实验方法用于确定社会现象的规律的过程中，我们遇到的第一个困难是无法进行人工实验。即使我们能从容地设计并不受限制地开展实验，条件也相当不利：既因为我们不可能确定和记录每个案例中的所有事实，而且因为，等到我们有足够的时间确定实验的结果之前，由于那些事实处于不断的变化之中，所以某些关键的环境总是变得不再相同。不过我们没有必要考虑针对实验结论有效性的逻辑反驳，因为我们显然不可能做任何实验。我们只能观察那些自然产生的或者其他原因造成的实验。我们无法通过像排除法所迫切要求的那样改变环境来使逻辑方法适应于我们的需要。如果当前的事件和历史上记录的现象演替所形成的自发事例提供了足够多的环境变化，那么

---

[2] 指《归纳》(*Of Induction*) 的《多重原因和混杂结果》(*Of Plurality of Causes, And of The Intermixture of Effects*)。——译者

立足于具体经验的归纳就是可行的，否则不行。因此，需要解决的问题就是，与政治结果的原因或政治能动者的属性有关的归纳所需的要求是否能从历史上得到满足，包括冠以当代史的历史？为了使我们的构思固定下来，权宜之计是假定这个问题针对的是某个特殊的政治研究或争论的主题，如本世纪经常讨论的一个话题：限制性和禁止性的商业立法对国民财富的影响。因此，就把它当作一个需要用具体经验来研究的科学问题吧。

三、差异法无法解释

为了把**差异法**这种最完善的实验研究方法用于这个案例，我们需要找到两个实例，除了研究主题外，它们在任何其他的细节上都一致。如果能找到两个国家，它们在所有天然优势和劣势上相同，其人民在各种生理的和道德的、自发的和习得的性质上彼此相似，其习俗、惯例、观点、法律和制度在所有方面都一样，只不过其中一个国家的关税保护更严重，或在某些其他方面更多地干预产业自由；如果一个国家富裕而另一个国家贫困，或者一个比另一个富有，这就是判决性实验，通过经验真正证明哪种体制更能增进国民财富。但是这样的假设显然是荒谬的。这种一致甚至在抽象意义上也是不可能的。除商业政策外，在各方面一致的两个国家必然也会在商业政策上一致。立法的差异不是固有的和终极的差别，不是**种类**的属性。它们是先前原因的结果。如果两个国家在其制度的这一部分有所不同，那就是来自其立场上的差别，因而也是它们表现出来的利益上的差别，或者是观点、习惯和倾向等某些方面的差别；这就打开了不受限制的深层差别的范围，它们都能对国家的工业繁荣以及其他面貌产生影响，其影响方式多得无法列举或想象。因此，在社会科学研究中，立足于具体经验的最有说服力的研究形式所需要的条件明显不可能被满足。

在直接差异法不可行的情况下，我们可以仿照其他情况中的做法，尝试一种辅助资源——我们在前面称之为**间接差异法**，它不是比较除了在给定环境的存在或缺失之外没有任何不同的两个实例，而是分别比较两类实例，其中一类具有某种环境，另一类缺乏它。选择能想到的最优例子（远远超出达成的可能性），假设我们现在把一个采取限制性政策的国家与除了允许自由贸易外都不相同的两个或更多国家进行比较。我们现在无需假设这些国家中的任何一个与第一个国家在所有环境方面完全一致；其中一个国家可能与它在某些环境方面一致，另一个在其余的环境方面与它一致。可以说，如果这些国家比采取限制性政策的国家要穷，那么不可能是因为缺乏第一组或第二组环境，而必定是由于缺乏保护性体系。如果（我们可以说）采取限制性政策的国家因为第一组原因而变得繁荣，那么第一个自由贸易国家也会繁荣起来；如果是由于另一组原因，那么第二个国家会繁荣；但是两者都没有，那么繁荣归因于限制性政策。在政治学中，这可以被当作基于具体经验进行论证的优秀样本；而且，即使它不是结论性的，也不容易找到另一个更优的样本。

不过，我们几乎不需要指出它不是结论性的。为什么繁荣的国家一定是单独由于某个原因而变得繁荣呢？国家繁荣始终是诸多有利环境造成的集体结果；而采取限制性政策的国家可能比其他任何国家结合更多的有利环境，尽管它可能与其中一个国家或另一个国家共享所有那些环境。它的繁荣可能部分归因于它分别与其他国家共同具备的某些环境，而其他国家各自只具备一半数目的有利环境，所以显得落后。因此，在社会科学中，对基于直接经验的合法归纳的模仿，从结论的有效性而言，其最接近的形式也只能给人以表面上的相似性，而无任何实际价值。

四、契合法和共变法是非结论性的

无论哪种形式的**差异法**都是完全行不通的，不过还存在**契合法**。但是我们早就意识到，在**多重原因**并存的情况中，这种方法的价值微不足道；而社会现象正是多重因素最大限度地渗透于其中的现象。

假设观察者机缘巧合，找到了两个国家，除了都有限制性体系和处在繁荣之中外，在环境方面无任何其他一致之处；或者发现了一些繁荣的国家，它们除了都采取限制性政策外，没有任何共同的先行环境。我们不必考虑，从历史甚至当代的观察中不可能确定这样的事实，即这些国家没有其他可能影响该案例的共同环境。让我们假设这种不可能性被排除了，还确定它们只是在作为前因的限制性体系和作为后果的产业繁荣上保持一致。这会使我们在多大程度上得出限制性体系带来繁荣这一推测？微不足道，相当于无。某个前因是某个特定结果的原因，因为所有其他前情都能够被排除；这种推导当且仅当此结果只有一个原因时才成立。如果它可以有几个原因，最自然的事情莫过于原因能被逐一排除。而在政治现象中，原因单一性的假设不仅远离真理，甚至谬以千里。特别引人关注的每种社会现象——安全、财富、自由、善政、公德、一般智力或其对立面——都有不可胜数的原因，尤其是外部原因或间接原因，单独来看，它们大部分都可以被直接观察到。没有一个原因本身足以制造其中任何一种现象；无数原因都对它们产生某种影响，而且这些原因可以共同发生作用，来促成或阻止这些现象的产生。因此，仅仅从我们能够排除某种环境这个事实，我们绝对不能推出，该环境在我们排除它的某些实例中不会对结果产生影响。我们可以得出这样的结论：此结果的产生有时候不需要它，但不能说它出现时对结果毫无影响。

类似的反驳也可用于**共变法**。如果作用于任何社会状况的原因产生了不同种类的结果；如果财富取决于一个原因，和平取决于另一个，第三个原因使人们具有美德，第四个使人聪明，即使我们不能分离原因，但或许可以像丁是丁、卯是卯那样把结果的属性各自归结于每一个原因。但是社会体的每个属性都受到无数原因的影响；而且，任何一个作用于其重要元素之一的因素，即便没有直接作用于其他元素，也会通过那一重要元素而间接地影响它们，这就是社会共存元素之间的相互作用。因此，不同能动者造成的结果并无性质上的差别，但在数量上是所有能动者的混合结果，所以整体变化与其任何组成部分的变化不可能有统一的对应。

五、剩余法也是非结论性的，且预设了演绎

还有**剩余法**，乍一看，相较于其他三种方法而言，它对这种类型的研究显得不那么陌生，因为它仅要求我们精确记录某个国家的环境或社会状况。因此，扣除所有已知趋势的原因产生的结果之后，那些原因不足以说明的剩余结果，可以合理地归因于已知的余下环境。柯勒律治[3]在《晨报》(*Morning Post*)发表的政论文章中使用的方法与此类似：

---

3 《文学传记》(*Biographia Literaria*)，214。[塞缪尔·泰勒·柯勒律治（Samuel Taylor Coleridge，1772—1834年），英国浪漫主义诗人、评论家，著有《忽必烈汗》(*Kubla Khan*)、《古舟子咏》(*The Rime of the Ancient Mariner*)、《文学传记》(*Biographia Literaria*)等。——译者]

每当大事发生，我都努力在过去的历史中找到与之最相近的事件。一旦可能，我就求教于当代的历史学家、回忆录作者和小册子作者，接着公平地从相似点中减去差异点，来平衡前者或者后者，然后推测结果会是相同的或不同的。例如，在以《拿破仑统治下的法国与第一代恺撒统治下的罗马之比较》（A Comparison of France under Napoleon with Rome under the First Caesars）为题的一系列论文，以及随后以《论波旁王朝的最终可能复辟》（On the Probable Final Restoration of the Bourbons）为题的论文中，我就是这样做的。在**西班牙革命**开始时，我也采取了相同的计划，把联省共和国与菲利普二世的战争[4]作为比较的基础，取得了同样的成功。

在这种研究中，他无疑运用了**剩余法**，因为在"从相似点中减去差异点"的过程中，他无疑权衡过，而不是只满足于计算它们：他无疑只采纳那些他认为本质上能够影响结果的一致点，并且在考虑到此影响的情况下，他得出结论说余下的结果可以归因于差异点。

无论这种方法的效果如何，正如我们早就评论过的，它都不是纯粹的观察和实验方法；它不是通过比较实例，而是把一个实例与先行演绎的结果进行比较而得出结论的。应用于社会现象时，它预设了产生部分结果的原因已经为人所知；正如我们已经表明的，原因不能靠具体的经验被得知，因此它们必定是从人性原理中演绎出来的，经验只是作为辅助性资源，在需要的时候被用于确定那些未被说明的剩余

---

[4] 指的是八十年战争（1568—1648年），荷兰联省共和国与西班牙哈布斯堡王朝（由菲利普二世统治）之间的一系列战争。这场战争起因于荷兰联省共和国试图摆脱西班牙王朝的统治，并争取宗教自由和政治自主权。荷兰联省共和国在威廉·奥兰治亲王的领导下组织了武装反抗，最终获得了独立，并成为了欧洲最早的共和国之一。——译者

结果的原因。但是，如果人性原理可以用于建立某些政治真理，那就能用于建立所有政治真理。如果可以说，因为在考虑到所有其他起作用的趋势之后，仍有一部分繁荣景象有待说明，因此英国必定是由于禁运制度而繁荣起来；那么我们可以探寻禁运制度的结果，并考察人类动机和行为的规律能为它的趋势提供什么样的说明。实际上，除了验证从这些一般规律中引出的结论，实验论证就什么都不是。因为我们虽然可以减去一个、两个、三个或四个原因的结果，但我们不可能成功地减去除一个原因以外其他所有原因的结果；不过，如果在某个给定的实例中，为了避免在单一原因的结果上依赖先验推理，而不得不根据与该特定原因同时起作用的原因的数量，而做相应数量的先验推理，那真是谨慎过头了。

我把适用于政治现象的研究模式称为**化学方法**，现在我已经充分描述了众人对它的严重误解。如果只让那些胜任任何一门高等物理科学研究的人来权威性地判定政治学说，那么这种长篇大论原本是不需要的。但是在政治主题上进行推理的人一般对物理学研究方法一无所知，自己及其多多少少的崇拜者满足于培根提出的一些教诲，鹦鹉学舌地模仿他，殊不知培根对科学研究的构思已经完成了它的使命，科学业已进入更高的阶段；因此，前面的评论可能依旧适用于很多人。当化学自身试图去处理更为复杂的化学序列，如动物甚至植物有机体时，会发现自己必然会变成，而且的确成功地变成了一门**演绎科学**；在这样一个时代，我们不用担心具有科学习惯、与自然知识的整体进展保持同步的人会犯险用基础化学方法探索其秩序最为复杂的现存现象序列。

第八章 几何或抽象方法

一、这种思维模式的特征

正如我们所说，前面一章讨论的误解主要是由那些不太习惯科学研究的人犯下的，他们要么是政治学中的实践者，用哲学的陈词滥调来为他们的实践进行辩护，而不是试图用哲学原理来指导实践；要么是受教育不足的人，他们忽视对实例的精挑细选和详尽比较以形成正确的理论，而妄图把理论建立在他们偶然注意到的少量巧合上。

与之相反，我们现在要讨论的错误方法特别容易与思维敏锐、勤奋好学的头脑一拍即合。只有在一定程度上熟悉科学研究本质的人才能想到这种方法；他们意识到，靠偶然观察或直接实验不可能建立如社会现象那般复杂的序列的真理论，于是求助于在那些现象中直接起作用的更简单的规律。它们不是别的，正是其中牵涉的人性规律。这些思想家察觉到社会科学必定是演绎性的，而这是化学或实验理论的虔诚信徒认识不到的。但是，由于他们对此主题的特殊本质考察得不够充分，而且他们自己的科学教育常常在过早的阶段就突兀地结束了，故此在其心中几何学是所有演绎科学的典范，他们也就不自觉地把演绎性的社会科学比作几何学，而不是天文学和自然哲学。

探讨共存事实的几何学完全独立于现象演替规律,它与已经发展成为演绎科学、探讨因果关系的物理**科学**之间最突出的一项差别是,几何学不考虑在力学及其应用中经常出现的力的相互冲突、原因的抵消或彼此修正。在力学中,我们经常发现两个或更多动力产生的不是运动而是静止,或者产生的运动在方向上不同于其中任何一个生成性动力本应该产生的运动。合力的结果确实与它们同时作用时的相同,就好像它们依次或交替产生作用一样;这正是力学规律和化学规律之间的差别所在。不过,无论是连续作用还是同时作用产生的结果,都会完全或部分彼此抵消:一个力所做的,被另一个力部分或全部抵消。几何学不会出现类似的情况。一条几何原理的结论不会与另一条的结论相冲突。如果没有其他几何原理存在,一条几何定理证明为真的东西是不可能被改变的,也不可能因为某个其他的几何原理而不再为真。一旦证明为真的,在所有情况下都是真的,不论与其他题材有关的什么假说被提出。

与上述看法类似的一种构思现在似乎已经在社会科学中形成了,它存在于早期那些试图用演绎法来推进社会科学研究的人的头脑中。如果每种运动只产生于一个力,而不是力的冲突,那么力学将与几何学非常相似。关于社会的几何理论似乎认定社会现象就是这种情况:每个社会现象总是只产生于一个力,即产生于人性的一个属性。

当前来看,我们不需要证明或解释社会现象的真实特征不是这样的。在这些最复杂因而最易变化的现象中,没有哪个现象不受无数力的影响,不取决于极多原因的共同作用。因此,我们没有必要去证明我们所讨论的那种构思是错误的,但是需要证明这个错误已经犯下了,证明对社会现象产生模式的错误构思完全属实。

二、几何方法的范例

根据几何方法来处理社会事实，不承认规律之间的任何调节作用，这一人数众多的推理派别目前必须被排除在考虑之外，因为在他们身上，这种错误是另一根本错误的结果，并与之勾连在一起；我们早就提到过后者，并且在结束之前会进一步讨论它。我所说的那些人不是从自然规律，不是从真实的或想象的现象序列，而是从不可动摇的实践准则中演绎出政治结论。例如，他们有些人把政治学理论建立在所谓的抽象权利，即普遍原理之上，而这是一种我们早就洞悉其空想本质的抱负。类似地，那些假定社会契约或任何其他类型的原始义务，并通过纯粹的解释将其应用于具体情况的人，也是如此。但是其中的根本错误是妄图把艺术当作科学对待，从而获得一门演绎性艺术；我们将在后面的章节中表明其不合理性。妥当的做法是从那些避免了这种额外错误、至今对政治研究的本质持有较正确观念的思想家那里，找到几何理论的范例。

首先，我们会引证一些人的理论，他们假定政治哲学有一条原理：政府建基在恐惧之上，彼此畏惧是人类最初结成社会状态并仍处其中的一种动力。一些早期的政治科学研究者，特别是霍布斯，明确地假定了这个命题，以之作为其学说的基础，力图在它之上建构完整的政治哲学。事实上，霍布斯没有发现这条准则足以承载其整个主题的研究，因此不得不用原始契约的双重诡辩来对它做出补充。我称之为双重诡辩是因为：第一，把虚构当事实；第二，假定了一条实践原理或指导作为理论基础，这是一种预期理由（petitio principii），因为（正如我们在处理那种**谬论**时注意到的）每条行为规则，即使跟"遵守承诺"那样具有约束力，也必须把其基础建立在有关主题的理论上，因而理论不可能以它为基础。

三、边沁学派的利益哲学

略过不那么重要的例子，直接来到我们这个时代政治学中几何方法最突出的一个例子，它出自那些非常清楚科学和艺术区别的人，他们知道行为规则必定后于而不是先于对自然规律的确定，知道是后者而不是前者才是演绎法的合法应用领域。我指的是边沁学派的利益哲学。

通常被视为边沁学派的思想家见解深刻且有原创性，他们把关于政府的一般理论建基在一个全面的前提上，即人的行为总是由他们的利益决定。这种表述有点含糊，因为同样的哲学家，尤其是边沁，把利益这个名称用于个人喜爱的任何东西，因此这个命题可能仅仅意味着人的行为总是由他们的愿望决定。不过，从这种意义上来说，它不会支持这些作者从中引出的任何结论，所以在他们的政治推理中，这个词语必须被理解为（这也是他们自己在这类场合下给出的解释）通常所说的私人利益或世俗利益。

如果在这种意义上理解此学说，首先自然会出现一种可能被视为致命的反驳，即如此笼统的命题远非普遍有效。人类并非在所有行为中都受世俗利益的支配。然而，这一反驳绝不像它起初看上去的那样具有判决性，因为在政治学中，我们主要考虑的不是个体行为，而是一系列个人（例如一系列国王）或一群人（如一个国家、贵族阶层或代表大会）的行为。而且，适用于大部分人类的东西也往往适用于被看作整体的个人序列或任何集体（其中大多数人的行动演变成集体的行动）。因此，尽管那条准则有时以一种并不必要的矛盾方式被表述，但从它引出的结论，只要稍作限制，仍不失其有效性：任何个人系列或集体多数人的行为在总体上受他们个人利益的支配。为边沁学派思想家的基本准则所做的这种更为合理的陈述，我们不得不承认它的优势，它也严格符合他们自己在必要时提供的解释。

该理论进而非常正确地推导，如果人类行为主要是由他们的自私利益决定，那么唯一会按照被统治者的利益来治理的统治者是那些自私利益与之相符的统治者。在此之上增生出第三条命题：只有责任或者被统治者的意志才能使统治者的自私利益与被统治者的利益保持一致。换句话说（作为整体的结论），保留权力的欲望或失去权力的恐惧，以及随之而来的一切后果，是唯一能促使统治者的行为符合一般利益的动机。

于是我们就有了政治科学的一条基本定理，它由三个三段论组成，主要依赖于两个一般前提，在每个前提中，一个结果被看作只由一个原因而非多个共发的原因决定。一条前提假定普通统治者的行动完全由私利决定；另一条前提假定，对被统治者利益的认同感只能由责任而非其他原因产生。

两条命题全错，第二条尤其离谱。

即使普通统治者的行为也不会完全或接近完全地由其个人利益决定，甚至也不是由他们自己对其个人利益的看法决定。我并不是说永远不要在很大程度上依赖责任感或慈善情感这些动机的影响，除了在道德严重滑坡的国家或时期外，它们在某种程度上几乎影响到了所有的统治者，并且对某些统治者的影响非常大。但是我只强调所有统治者的共性，即他们的行为特征和进程独立于个人考虑，影响它们的主要因素包括：他们作为其成员的共同体中盛行的习惯性情感和感受、一般思维和行为模式，以及刻画该共同体中特定阶级的感受、习惯和思维模式。任何一个不把所有这些因素考虑进来的人不会理解或者不可能解读他们的行为体系。它们同时还在很大程度上受到前任统治者传承下来的准则和传统的影响。我们知道，这些准则和传统会在长时期内保持支配地位，即便在当时与统治者的私人利益背道而驰。我暂且不谈其他不那么普遍的原因的影响。因此，尽管统治者或统治阶级的私人利益是一股非常强大的力量，不断对其举止产生至关重要的影响，但是他们的所作所为中还有很大一部分绝不是用私人利益能充分地解释的；甚至构成其政府好坏的详情，也在某种程度上（而且程度还不轻）受到那些对他们产生作用的环境的影响，而这些环境不可能被恰当地囊括进私利这个术语中。

现在转向另外一条命题：对被统治者的责任是统治者认同共同体利益的唯一原因。这甚至比第一条命题更难作为普遍真理被接受。我不是说利益完全一致，这只是不切实际的幻想，毫无疑问，对人民的责任实现不了这一幻想。我说的是关键利益的一致，而关键利益在不同的地方和时间是不同的。在许多情况下，最符合整体利益的事情也是统治者受其最强个人利益（即巩固权力）驱动的事情。例如，镇压无政府状态和抗法——在欧洲中世纪这样的社会状态下，确立中央政府的绝对权威是人民的最大利益之一，也是统治者的最大利益之一，这完全因为他们是统治者，而他们的责任不可能强化他们追逐这一目标的动机，反倒是以很多可想象的方式削弱该动机。在伊丽莎白女王以及其他许多叫得上名号的君主的大部分统治时期，君主与多数人民之间的利益认同感可能比责任政府治下通常表现出来的更为强烈：人民最大的关切也是君主最大的关切。彼得大帝或者他着手教化的那些粗鲁的野蛮人，他们最真切的愿望，难道不是实现那些野蛮人的真正利益吗？

我在此并不是要建立一种政府理论；而对于该几何政治学派在其体系中忽略掉和考虑进的环境因素各自应该的占比，我也不觉得有必要予以确定。我只想表明他们的方法是不科学的，而不是衡量他们的实践结论可能受到多少错误的影响。

然而，公正地说，他们的错误不是实质性的，而是形式上的；他们把实际上纯粹的时下辩论当作对一个重大哲学问题所做的科学处理，并以系统的形式提出来，这才是他们的错误所在。尽管统治者的行为不完全由私利决定，但恰恰是为了防范私利，宪法审查才是必要的；出于该目的，在英国以及其他的现代欧洲国家，审查无论如何都不能免除。同样，在这些国家，以及在当前时期，对被统治者的责任是产生利益认同感（在此感受不充分的情况下和不充分的时期）的唯一可行手段。对于所有这一切以及可能建立在它之上、支持代议制改革措施的论据，我没有任何反对意见；但我承认遗憾的是，如此杰出的思想家本应该把政府哲学中很小但极为重要的一部分作为一种完备的理论提出来，因为议会改革这一眼前目的正需要它来引发。

难以想象这些哲学家会认为其理论的少数几条前提囊括了说明社会现象所需的一切，认为它们足以决定政府形式的选择、立法和行政措施。他们高智广知，其中有些人还严肃务实，不至于犯这样的错误。他们应该在运用其原理时做出无数的让步，他们也的确做了让步。但那不是所需要的让步。理论基础宽度不足，我们就很难在其上层结构中做出应有的补偿。把一门科学建立在决定现象的少量动因之上，把其余部分交给实践常规或猜想式的智慧，是不符合哲学要求的。我们要么不应该自诩遵循科学的形式，要么应该平等地研究所有起决定作用的动因，且尽可能地把它们全部纳入科学范围；否则我们将不可避免地过分关注被理论考虑到的动因，而误估其余，很可能会低估它们的重要性。即使那些被忽略的动因与其他动因相比显得微不足道，因此对于大多数目的和场合来说可以忽略不计，演绎也应该从有关的全部自然规律而不只是从部分出发。而在社会科学中，上述

"微不足道""忽略不计"的情况就不可能存在。社会现象本质上并不取决于某一种动因或一条人性规律，而只受其他动因或规律的微小影响。人性的所有性质都影响着那些现象，没有哪一个的影响力是轻微的。没有哪一个性质，如果被移除或发生重大变化，不会对整个社会面貌产生实质性的影响，不会或多或少地改变社会现象的一般序列。

作为上述评论主题的那种理论，至少在这个国家，是我称为社会科学几何方法在当代的主要范例，因此我们在它上面着墨甚多。在充分展示了两种错误方法之后，我们将直接进入正确的方法；其进展（符合更复杂的物理科学的实践）确实是演绎的，不过演绎的起点是许多而不是一个或少数的初始前提，它如实地把每个结果视为许多原因的综合产物，这些原因有时通过同一种，有时通过不同的心理动因或人性规律而起作用。

第九章　物理学或具体演绎法

一、直接和逆向演绎法

在表明社会现象研究的本质之后，适用该研究的方法的一般特征现在已经足够明朗，只需总结，无须证明。无论社会现象多么复杂，其所有序列和共存都是各个元素的规律的产物。在社会现象中，任何复杂的环境集产生的结果，恰好等于每个环境单独产生的结果之和；而且这种复杂性不是来自规律本身的数量，它并不是很庞大，而是来自数据或作为能动者的元素的特大数量和多样性，这些能动者根据少量规律彼此协作产生了那一结果。因此，**社会科学**（方便起见，被称为**社会学**）是一门演绎科学，它不是仿照几何学的模式，而是仿照更为复杂的物理科学模式。它从决定每个结果的因果律出发，推导出此结果的规律；不过，它不像几何方法那样仅仅从一个原因的规律来推导，而是考虑共同影响结果的所有原因，并把它们的规律相互结合。简而言之，它的方法是**具体演绎法**，天文学为它提供了最完美的范例，自然哲学提供了相对不太完美的范例，而根据主题而做一些必要调整和采取预防措施之后，它的应用开始使生理学获得新生。

毋庸置疑，类似的调整和预防措施在社会学中也是不可或缺的。

当我们把已经证明唯一能为简单现象提供科学说明的方法应用于最复杂的研究时，我们应该清楚，高度的复杂性既使演绎法这种工具更为必要，也增加了其不确定性，因此我们必须采取适当的措施来应对难度的加大。

人类在社会状态下的行为和感受无疑完全由心理学和性格学规律支配；任何原因无论对社会现象造成什么影响，都是以那些规律为依据的。因此，假如人的行为和感受的规律被充分知晓，那么利用它们来确定任何给定原因趋向于产生的社会结果的本质并不是一件特别困难的事情。但是，当问题涉及把几种趋势组合起来，并计算出许多并存原因的总体结果时；尤其是当我们试图预测特定案例中实际发生的状况，而不得不评估和组合刚好存在于该案例中所有原因的影响时，我们就是在做一项超出人类能力范围的工作。

如果所有科学资源都不足以使我们以绝对的精确性来先验地计算相互吸引的三个物体之间的相互作用，那么判断一下，在一个特定社会的一个特定时刻，我们要计算以一千个不同方向发生作用并导致一千种不同变化的相互冲突的趋势的产物，成功的前景会有多大。尽管只要它们取决于那些能被观察到的原因，我们就可以，而且应该能够从人性规律来足够正确地辨认出这些趋势本身，能确定其中每一个单独对社会产生影响时的作用方向，以及至少在总体上判断某些趋势的作用力大于其他。

但是，在应用到这样一个主题时，我们既不应掩饰先验方法的必然不足，也不应夸大它们。我们曾经表明，对最困难应用形式下的**演绎法**的反驳同样适用其最简单的应用形式；而且就如后面充分解释的，如果没有适当的补救措施，就是在最简单的情况中我们也拿这些反驳无可奈何。这一补救措施存在于**验证**这道程序之中，它构成了**演绎法**的第三个关键组成部分，即把推理的结论与具体现象本身进行对照，或者在可行的情况下，与它们的经验规律进行对照。对任何一门具体演绎科学给予的信任，其根据不是先验推理本身，而是其结果与后验观察结果的符合。两道程序一旦分开，其中任一程序就会随着主题复杂性的增加而减少其价值，而且减少得如此之快，以至于很快就变得毫无价值；但是我们对两类证据的一致所赋予的信任并不会以同样的比例减少，甚至不一定会大幅减少。在某些情况下，我们不是靠推理演绎出结论，并靠观察验证它们，而是首先根据具体经验暂时地获得它们，然后通过先验推理把它们与人性原理联系起来（这样的推理才是真正的**验证**），这其实就是变动两道程序的优先顺序，有时候相当于把它完全颠倒过来。

孔德是唯一力图刻画**社会学方法**的思想家，他精于整体的科学方法，把这种逆向顺序看作社会学思辨本质的必然要求。他认为社会科学实质上是由历史概括组成，它们由基于人性规律的演绎来验证，而不是最初由它们演绎出来。尽管这种观点包含了一条真理，我稍后会努力展示其重要性，但我认为这条真理表述得太绝对了，在社会学研究中，直接演绎法和逆向演绎法都有相当大的应用范围。

实际上我们将在下一章表明，有一种社会学研究，由于其惊人的复杂性，直接演绎方法完全行不通；不过幸运的是，正是在这些情况下，我们能够获得最好的经验规律，因此**逆向方法**具有独一无二的适用性。但是，正如即将看到的，也有些其他情况存在，其中我们不可能从直接观察中获得任何配得上经验规律之称的东西；而幸运的是，正是在这些情况下，**直接方法**受那种反驳的影响最小，尽管它毫无疑问始终会在一定程度上受到它的影响。

因此，我们首先把**社会**科学视为一门直接**演绎**科学，并考虑在这种研究模式下，我们能实现什么，以及会受到什么样的限制。然后我们用一个单章考察逆向程序，并努力刻画它的特征。

二、社会科学中直接演绎法的困难

首先,**社会学**作为先验演绎体系,显然不可能是做出完全预测的科学,而只能是一门关于趋势的科学。我们可以把人性规律运用到某一社会状态下的环境,并从中推出,除非受到反作用,否则特定的原因会以一定的方式发生作用。但是我们永远不可能保证它在多大程度上起作用或起到什么地步的作用,也不可能笃定它不会受到反作用,因为我们很少能知道,甚至是大致地知道所有可能与它共存的动因,更不用说计算出如此多的元素的组合结果了。不过,我们在此必须重申,不足以提供预测的知识可能极有指导价值。不管是明智地处理社会事务还是私人事务,都不需要对行为结果做出绝对正确的预测。我们必然是通过可能失败的方式来寻求我们的目标,并且采取措施防范可能永远不会出现的危险。实践政治学的目标是为任何给定社会创造尽可能多的有利趋势的环境,并消除或抵消有害趋势的环境。关于趋势的知识尽管不足以使我们精确地预测它们的联合结果,但是也能在相当大的程度上帮助我们做出预测。

然而,即使是关于趋势,我们也不要错误地认为,我们可以通过这种方式获取在所有社会中都无一例外正确的大量命题。这种想法与社会现象突出的可变性以及导致它们变化的环境的多重性和多样性不相容;在两个不同的社会中,或是同一社会两个不同的时期,环境绝不相同,甚至不会大致相同。影响社会的原因一般为数众多,但是如果影响社会任何一个方面的原因数量有限,那么这就不会成为一个严重的障碍,因为我们可以把任何特定的社会现象隔离开来,并在不受其余现象干扰的情况下研究其规律。但真相恰恰相反。任何显著地影响社会状态中任意元素的因素都会通过它影响所有其他元素。所有社会现象的产生模式都是一个大型**规律交汇**的案例。要在理论上理解或在实践上掌握某个社会在某一个方面的条件,我们就必须考虑该社会在其他所有方面的条件。任何社会现象多少都受到同一社会中所有其他条件的影响,因此也就受到作用于其他同期社会现象的每个原因的影响。简而言之,这里存在着生理学家所谓的同感,它类似于存在于人类或更完美动物的各种生理器官和官能之中的同感,并构成了使"政治体"和"自然体"这类表达变得普遍的许多类比中的一个。由此同感产生的结论是,除非两个社会在所有环境上都相同(这意味着它们之前的历史也相同),否则现象的任何一个部分都不会精确对应——除非巧合;没有一个原因会在两个社会中产生完全相同的结果。每个原因的影响在扩散到整个社会的过程中,会在某处接触不同组合的动因,因此对某些社会现象产生不同的影响;而这些差异通过其反应,甚至在那些原本相同的结果中制造差异。因此,如果不回到我们的前提,不像对待第一个时代或民族那样,分析第二个时代或民族的全部起作用的环境,我们就永远不可能确切地断定,在一个民族或一个时代中具有一种特定趋势的原因,会在另一个民族或时代中具有完全相同的趋势。社会演绎科学不会提出一条定理,断言任何原因的普遍结果;但它会教导我们如何为任何特定情况下的环境建构适当的定理。它不会提供一般的社会规律,但会根据特定社会的具体元素或数据,为确定其中的社会现象提供手段。

因此,所有能够通过演绎科学建构的一般命题,在最严格的意义上都是假说性的。它们建立在某一套假定的环境上,宣告某个特定的原因会在那些环境中如何起作用——假如无其他原因与之结合。如果被假定的那套环境模拟了任何现存的社会,只要那些环境的结果不会因其他未被考虑的环境所改变,结论就适用于那个社会。如果想要更接近具体真理,我们只能尽力把数量更多的个别环境纳入考虑。

然而，当我们试图把更多并发原因导致的结果考虑进来时，结论的不确定性会以加速的比率增大，所以我们建构一般科学定理所依据的假说性环境组合不能过于复杂，否则出错的概率迅速攀升，以致很快剥夺结论的全部价值。因此，这种研究模式，作为获取一般命题的手段，如果不想流于虚浮，就必须限定在下述类型的社会事实上：尽管像其余的事实一样受到所有社会能动者的影响，但只受到少数，至少主要是受到少数能动者的直接影响。

三、社会学思辨的不同分支能在多大程度上被分开研究。政治经济学的特征

尽管社会现象具有普遍的同感，即社会运作的任何部分发生的事情都会影响其他所有部分；尽管在任何给定社会中，文明和社会进步的一般起点必然会对所有局部和次要现象具有至高无上的支配力；但大多数不同类型的社会事实首先直接取决于不同种类的原因，因此不仅可以分开研究，而且必须被单独研究：正如在自然体中，我们分别研究每个主要器官和组织的生理和病理，尽管每一个都受到其他所有器官和组织的状态的影响，尽管在决定任何特定器官的状态时，有机体的特殊构成和整体健康状态虽然经常比局部原因重要，也是与后者共同作用。

基于这些考虑，社会学思辨各个不同的、独立的（尽管不是互不相干的）分支和部门得以存在。

例如，存在一大类社会现象，其中直接决定性的原因主要是通过财富欲望而起作用，主要涉及的心理学规律是我们相对熟悉的规律：较大收益优于较小收益。当然，我指的是来自人类的工业或生产活动

的那部分社会现象,以及来自产品分配(只要不是通过武力或自愿赠予来实现)的人类行为现象。基于那条人性规律以及根据它而作用于人类心灵的主要外部环境(无论是普遍的还是局限于特定的社会状态),忽略掉其他社会环境的影响,也就是说,既不从其他社会事实中追溯那些外部环境的可能起源,也不考虑其他社会环境可能如何干扰、抵消或者修改前者的结果,只要前述社会现象完全依赖于这类主要的外部环境,我们通过推理就能说明和预测这部分现象。如此一来我们可以建构一个科学部门,其名称就是**政治经济学**。

主张把这部分社会现象从其他社会现象中分离出来,以及创建一个与它们相关的独立科学分支,其动机在于,它们确实主要只取决于,至少是首先只取决于一类环境;确定这类环境的结果是一项足够复杂和困难的任务,因此权宜之计是首先一劳永逸地完成这项任务而不管其他环境的干扰,然后再考虑起调节作用的环境的影响;这尤其是因为前者的某些固定组合往往会与不断变化的后者一再同时出现。

我在其他场合说过,**政治经济学**只关注

出于对财富的追逐而发生的社会现象。它完全抽离所有其他的人类激情或动机,除了那些被当作永久对抗财富欲望的原理,即对劳动的厌恶和对当下奢侈享受的欲望。政治经济学在一定程度上把它们纳入考虑之列,因为它们不只是像我们的其他欲望一样,偶尔与追逐财富起冲突,而且总是作为一种累赘或障碍伴随着财富欲望,因此在对它的考虑中不可避免地把它们带进来。**政治经济学**认为人类活动完全是获取和消费财富;它旨在表明,如果财富欲望未被上述两个永久对抗性动机阻止,从而成为社会状态中人类所有行为的绝对统治者,人们在其驱使下会采取什么样的行为进程。根据它描绘的图景,在这种欲望的驱使下,人类积

累财富，用一种财富生产另一种财富；通过双方协议批准财产制度；制定法律防止个人通过强制或欺诈侵犯他人财产；采取各种方法提升劳动生产力；在竞争（竞争本身受到一定规律的制约，因此规律是产品分配的最终调节者）的影响下，通过协议确定产品分配；采用一些手段（如货币、信用等）方便分配。所有这些活动，尽管事实上其中有许多是多重动机的结果，还是被政治经济学仅仅当作追逐财富的结果。随后这门科学继续研究支配上述活动的规律，它假定，除非前述两种对立动机制造例外，人这种存在者必然受其本性决定，在所有情况下都喜欢更多的财富而非较少的财富；并不是任何政治经济学家都会如此荒谬地假定人类本就如此，而是因为这是科学必须采取的研究模式。当一种结果取决于多重原因的共同作用时，如果我们希望利用这些原因来获得预测或控制结果的能力，那就必须逐个研究它们，并分别探寻其规律；因为关于结果的规律是由决定它的所有原因的规律组成。在我们能够说明或解释地球和行星的许多运动之前，我们必定已经知道向心力和离心力的规律。人在社会中的行为也是如此。当各种欲望和厌恶同时影响他时，为了判断他会如何行动，我们必须知道他在每一种欲望或厌恶的驱使下具体会采取什么行为。也许，除了财富欲望外，一个人一生中没有哪种行为不受任何冲动的直接或间接影响。对于不以财富为首要目标的人类行为，政治经济学并不自诩其结论适用。不过还是存在一些人类事务部门，其中获取财富是主要和公认的目标。只有它们，才是政治经济学要关注的对象。它必须把主要和公认的目标当作唯一的目标来处理；在所有同样简单的假说中，这最接近真理。政治经济学家研究的是，如果在相关事务部门中财富欲望不被任何其他欲望阻止，它会产生什么样的行为。在那些部门中，按照这种方式处理的成果，比其他方式更接近人类事务的真实秩序。然后，对于能被表明在具体情况中产生影响的其他推动力所导致的结果，我们要予以适当考虑，来修正上述成果。只有在少数极为突出的情况下（如人口原理这一重要情况），这些修正才被添加到对政治经济学本身的阐发中，因此纯科学安排的严格性由于实践效用而在某种程度上被背离。就目前所知或推测，在追逐财富的过程中，人类行为除了受到以最少劳动和自我牺牲获取最多财富这一欲望的影响外，还受其他本质属性的次要影响；如果没有适当地参考其他原因的影响程度而予以修正，政治经济学的结论就无法成功地说明或预测真实事件。

在任何给定的社会状态中，我们可以从上述一般命题中引出广泛而重要的实践指导，即使暂时性地忽略理论未考虑的各种杂因的调节性影响，以及正在进行的一般社会变革的结果。尽管政治经济学家常常错误地从一个社会状态的元素中引出一些结论，将其应用于元素不大相同的其他社会状态；但是通过回溯论证，并在合适的地方引入新的前提，我们可以不太费力地使一个案例的一般论证程序适用其他案例。

例如，英国政治经济学家有一个根深蒂固的习惯，以一个几乎仅在英格兰和苏格兰实现的假设为基础讨论工业产品的分配规律。该假设认为，产品"被劳动者、资本家和地主这三个彼此之间界限分明的阶级占有；他们都是自由的能动者，在法律和事实上都被允许以任何价格来设定自己的劳动力、资本和土地。这门科学的结论只适用于这样构成的社会，因此在用于其他社会时需要予以修正。例如在奴隶制国家，唯一的资本家是地主，劳动者是他们的财产，因此那些结论就行不通。比如在印度，几乎到处都是地主，那些结论就不适用。在农业劳动者一般既是土地本身又是资本的所有者的地方,如通常情况下的法国,或只是资本所有者的地方,如爱尔兰,那些结论也不适用"。不过,尽管人们可能经常非常公正地反驳现有的政治经济学家"妄图用转瞬即逝的材料建立一个永恒的结构;他们把社会安排的不变性看作理所当然的,而其中有许多安排从其本性来说处于波动或进步之中;他们阐述的一些命题,可能除了作者本人生活的特定社会状态外,不适合于任何其他社会状态,却毫无保留地被发表出来,仿佛它们是普遍和绝对的真理",不过,就他们的结论所源自的那种社会状态而言,这种评论并不会取消那些命题的参考价值。此外,如果它们甚至适用其他社会状态,"就绝不能认为这门科学像上述似乎已经证明的那样如此不完善、不令人满意。尽管它的许多结论只在局部成立,但它的调查方法普遍适用;正如解决一些代数方程的人可以毫不费力地解决其他同类方程,任何了解英格兰或约克郡的政治经济学的人,假如具有足够的智力,不指望从变化着的前提中引出相同的结论,也会了解所有国家真实的或可能的政治经济学"。任何一个人,只要精通自由竞争条件下,在三个阶级完全独立的社会状态中规定了地主、资本家和劳动者的地租、利润和工资的规律,都能毫无困难地确定上面摘录所述的任何农耕和地产状态下支配产品在利益相关阶级中的不同分配规律。

四、政治性格学,或国民性格科学

这里我不打算确定有什么样类似于政治经济学的其他假说性或抽象科学,可以从整体社会科学中拆分出来;也不打算确定社会现象的其他哪些部分与一些特殊原因有着足够密切和完整的依赖关系,以便方便地创建这些原因的预备性科学：把对那些通过它们而起作用或是与它们协同作用的原因的考虑推迟到研究的后一阶段。然而，在这些独立的部门中，有一个不能被一言不发地跳过，比起可划分成的任何其他社会科学分支来说，它牵涉范围更广，更有支配性。跟它们一样，它直接研究一类社会事实的原因，但这类事实直接或间接地对其余事实产生至高无上的影响。我所指的可以称之为**政治性格学**，或决定一个民族或一个时代的性格类型的原因的理论。在社会科学的所有从属分支中，它是发展最不完善的。国民性格的原因几乎不为人所知，制度或社会安排对人们性格的影响通常是最少被关注和最不被理解的部分。当我们考虑到**性格科学**本身就处于萌芽状态时，这就不是什么大惊小怪的事了，因为规律必定来自于性格科学，政治性格学的真理只可能是它们的结果和示例。

然而，对于深入研究这个主题的人来说，他必须知道，国家（或集体）性格的规律是迄今为止最重要的一类社会学规律。首先，任何社会环境形成的性格本身就是该社会状态可能呈现的最有趣的现象。其次，它还是大面积地参与制造所有其他现象的一个事实。最重要的是，性格，即人们的观点、感受和习惯，尽管在很大程度上是先行社会状态的结果，但也在很大程度上是后续社会状态的原因，是塑造如法律和习俗这样的人工环境的力量：显然，它们通过公众舆论对执政者的直接影响，或者是通过国民观点或感受在决定政府形式、形塑统治者性格方面所具有的作用，既塑造了习俗，也塑造了法律。

可想而知，在已经作为独立科学加以培育的社会研究分支中，探讨其结论如何受到性格学考虑影响的理论是最不完善的部分。在它们作为假说性或抽象的科学时，忽略不是缺陷；但是作为综合性社会科学分支来说，忽略会损害它们在实践上的应用。例如，在政治经济学中，英国思想家总是默认人性的经验规律，其实它们只适用于大不列颠和美国。除其他的事外,竞争激烈总是作为一个普遍的商业事实而被假设,但是除了这两个国家,世界上的任何其他国家都不存在。一位英国的政治经济学家,跟他的广大同胞一样,很少知道,在销售货物的商业行为中,人们可能更多地关心自己的舒适和虚荣,而不是金钱收益。然而,了解欧洲大陆习惯的人清楚,即使在以挣钱为直接目的的活动中,看似微不足道的动机往往超过了挣钱的欲望。性格学越是高度发展,个体和民族性格的多样性越是被理解,可被视为学科基础的普遍人性原理的命题数量可能会变得越来越少。

这些考虑表明,如果把社会科学划分成各个部分,以便每个部分被单独研究,其结论由其他部分提供的修正而被纠正来适配实践,那么这种划分至少必须受到一个重要的限制。社会现象的那些部分本身就可以有利地变成不同科学分支的主题,即使是暂时性的,而不同国家或不同时代之间的性格差异作为次要原因被纳入这些主题之中。相反,与民族性格状况的影响时刻交织在一起(因此不考虑这些影响就不足以粗略地标出原因与结果之间的关系)的现象不能独立于政治性格学,因此不能独立于影响民族性质的所有环境而得到研究,否则不仅不利,甚至劣势颇大。出于这个原因(以及后面会提到的其他原因),独立的**政府科学**不可能存在;毕竟,在所有其他事实中,这个事实不管是作为原因,还是作为结果,都与特定民族或时代的性质交织最深。所有关于政府形式的趋势的问题都必须在一般社会科学而非其分支中占据一席之地。

这门一般社会科学区别于它的各个部门(每个部门的结论都是有条件的,受一般科学规律的最高支配),不过其特征有待描述。正如稍后将要表明的,这里只有通过逆向演绎法才可能体现出真正的科学特征。但是在我们离开基于直接演绎法的社会学思辨主题之前,我们必须考察它们与所有演绎科学不可或缺的要素之间有何关系,该要素就是利用**具体经验**进行的**验证**，即推理结论和观察结果之间的比较。

五、社会科学的经验规律

我们已经看到，在大多数演绎科学中，包括作为社会科学直接基础的性格学在内，观察事实都要做预处理，以使它们能够快速、准确地与理论结论进行对照（有时候甚至是从根本上被矫正）。这种预处理在于发现能简洁地表达大类观察事实共性的一般命题，它们被称为现象的经验规律。因此，我们必须研究，社会科学事实能否做类似的预处理，历史或统计学中是否存在任何经验规律。

显而易见，统计学中的经验规律有时是可以追溯的；对它们的追溯形成了间接观察体系的一个重要部分，**演绎科学**的所有数据往往必须依赖于这种体系。这门科学的程序在于从原因推导出结果；但是我们通常没有办法观察到原因，除非以它们的结果为中介。在这种情况下，演绎科学无法预测结果，因为缺少必要的数据；它能确定什么样的原因会产生某种结果，但不能确定那些原因会以什么样的频率和数量存在。我面前的报纸提供了一个恰当的例子。其中一位破产官方受托人发表了一份声明，显示在他负责调查的各种破产案例中，有多少案例是由不同类型的经营不善造成，有多少案例是由不可避免的灾难造成。其结果是，由经营不善造成的破产数量远远超过所有其他原因导致的破产数量。除了具体经验外，没有什么能为这一结论提供充分的根据。因此，从直接观察推出经验规律（最多相当于近似概括）是社会学研究进程的重要组成部分。

在这里，实验进程不能被视为通向真理的独立途径，而是一种获取演绎科学所需数据的手段（偶然成为唯一或最佳可用手段）。当社会事实的直接原因不能被直接观察到时，关于结果的经验规律同样给我们提供了关于原因的经验规律；在这种情况下，后者就是我们所能获得的全部。但是那些直接的原因取决于远因；通过间接观察得到的经验规律，只有在有理由认为决定直接原因的远因没有发生任何变化的情况下，才能被视为适用于未被观察到的案例。因此，即便运用最佳统计概括来推断（尽管只是猜测性的）相同的经验规律将适用于任何新的案例，我们也需要深入了解更远的原因，以避免把经验规律运用到条件大不相同的案例中。因此，即使具体观察得出的结论可用于新案例的实践推断，演绎科学也必须在整个过程中担任哨兵的角色，我们需要始终以它为参照，任何推断都要取得它的认可。

所有基于历史的概括都是如此。这样的概括不仅存在，而且我将很快表明，探讨那些构成任何时期社会和文明状态的重大事实的演替和共存规律的一般社会科学，其进行方式只能是：先做出这样的概括，然后通过把它们与实际决定它们的心理学和性格学规律联系起来予以确认。

六、社会科学的验证

但是（把这个问题留到合适的地方再探讨），在那些构成社会科学独立分支主题的更专门化的研究中，这种双重逻辑进程和相互验证是不可能的：具体经验提供的不是经验规律。特别是在众多并发的社会原因中确定任何一个的结果时，情况就是如此，比如谷物法或一般禁止性商业体系的结果。尽管从理论上说，我们完全可以确定谷物法必定会产生什么种类的结果，以及它们对产业繁荣的影响方向，但是它们的结果必然会被其他影响因素的相似或相反结果所掩盖，以致具体的经验最多只能表明，根据大量实例的平均统计结果，实施谷物法比不实施会在更大程度上呈现出此结果。但是，要穷尽各种有影响力的全部环境组合，以提供一个公平的平均值，所需的实例数量是永远无法获得的。我们不仅不能充分真实地了解如此多实例的事实，而且在这类研究始终预设的给定社会和文明状态的范围内，世界本身也不会提供足够数量的实例。因此，没有先行经验概括与理论结论的对照，剩下的唯一直接验证模式就是把结论与个别实验或实例的结果进行比较。但是这里的困难同样巨大。因为，为了用一个实验验证一种理论，实验的环境必须与理论所设定的环境完全相同。但是在社会现象中，没有两个案例的环境完全一致。在另一个国家或上一代实行谷物法，对于验证谷物法在这一代和本国的结果帮助甚微。因此在大多情况下，真正适合于验证理论预测的唯一个别实例，正是为预测而制定的实例；而且验证来得太迟，对于实践指导毫无作用。

不过，尽管直接验证是不可能的，但存在一种间接验证，其价值几乎不亚于直接验证，而且总是可行的。关于个别案例的结论只可能在该案例中直接验证；不过，如果在其他个别案例中，从相同规律引出的其他结论得到了验证，那就是对于前者的间接验证。经验对于验证它所指向的特定命题而言，来得为时已晚，但有助于验证理论的整体充分性。科学在多大程度上为预测（从而为实践处理）尚未发生之事提供坚实的基础，取决于它在多大程度上使我们能够预测实际发生之事。在我们完全相信特定原因在特定环境状态下的影响理论之前，我们必须能够解释和说明受该原因影响的那部分社会现象的所有现状。例如，如果我们想把政治经济学的思辨用于预测或引导任一国家的现象，我们必须能够说明该国现状中所有商业或工业事实的一般特点，指出足以说明所有这些事实的原因，并证明或者表明有好的理由认为这些原因的确存在。如果我们做不到，就证明我们尚未完全了解应该考虑的事实，或者虽然我们了解事实，但我们掌握的理论不够完善，无法帮助我们捋清它们的后果。就目前的知识水平而言，无论是哪一种情况，我们都不足以有能力为那个国家提出思辨性或实践性的结论。同样，假如我们想要判断任何政治制度在任何给定国家造成的结果，我们必须能够表明，该国现有政府的实际管理状态及其衍生状态、人民的特殊性格和倾向，以及他们在社会福利各个方面的状况，正是他们生活于其中的制度以及他们的本性或地位等其他环境合力作用的产物。

简而言之，要证明科学以及我们对具体案例的知识使我们有能力预测未来，我们就必须表明它们使我们能够预测目前和过去。如果有任何我们无法预测的事情，这就构成了一个需要深入研究以便说明的剩余现象；或者我们必须在该案例的环境中寻找，直到我们找到一个能依据现有理论原理说明该未解现象的环境，或者我们必须回过头来，通过扩展和改进理论本身来寻找说明。

第十章　逆向演绎法或历史法

一、一般社会科学和特殊社会学研究之间的区别

社会学研究有两种类型。第一种探讨的问题是，在特定社会环境的一般条件下，某种既定原因会产生什么样的结果。例如，不考虑可能的环境变化或早就发生的变化，在任何一个欧洲国家目前的社会和文明条件下，或者其他特定社会的一般环境下，实施或废止谷物法、废除君主制或引入普选制会有什么结果。第二种研究探讨的是决定那些一般社会环境本身的规律是什么。在后一种研究中，问题不是在特定社会状态中既定原因的结果是什么，而是导致一般**社会状态**的原因是什么，从整体上刻画社会状态的现象是什么。对该问题的解决构成了**一般社会科学**，它限制和支配了另一种更特殊的研究类型的结论。

二、何谓社会状态

为了正确地构思这门一般科学的范围，并把它与社会学思辨的从属部门区分开来，我们有必要固定短语"**社会状态**"的含义。所谓的

社会状态，是指所有比较重要的社会事实或现象的同时存在状态。例如，共同体及其各阶层现存的知识、理智和道德水平；产业状况、财富及其分配状况；共同体的常规职业；他们的阶级划分以及阶级之间的关系；他们在人类所有最重要的主题上所持的共同信念以及对信念的确信程度；他们的品位以及审美发展的特点和程度；他们的政府形式，以及更重要的是他们的法律和习俗。所有这些事物以及更多容易引起注意的事物的条件构成了任何特定时期的社会状态或文明状态。

当我们把社会状态及其产生原因作为科学主题加以谈论的时候，就意味着这些不同的元素之间存在着一种天然联系，意味着并非这些一般社会事实的每种组合都是可能的，而只有某些组合是可能的；简言之，各种社会现象的状态之间存在着**共存**的**齐一性**。这就是真理，事实上也是每个现象对其他现象产生影响的必然结果。它是蕴涵在社会体各部分之间的同感之中的一个事实。

社会状态就像生理结构中的不同体质或不同时期；它们是整个有机体的条件，而非一个或少数器官或功能的条件。相应地，我们关于过去时代、关于地球不同区域各种现存社会状态的信息，当被适当地分析时，确实表现出齐一性。人们发现，当社会某个方面的面貌处于特定状态时，或多或少清楚确定的许多其他面貌的状态总是或通常与它共存。

但是就如我们经常观察到的，现象作为原因的结果展现出的共存齐一性必定是真正决定自己的因果律的产物。因此，每个社会状态的不同元素之间的相互关联是从支配社会状态演替的规律中派生出来的规律；因为每种社会状态的近因是直接先行于它的社会状态。因此，社会科学的基本问题是找到支配社会状态演替的规律。这开启了人类和社会的进步性这一重大却又棘手的问题；每一种把社会现象当作科学主题加以正确构思的努力都避不开这个问题。

三、人类和社会的进步性

探讨其属性可变的主题并不是人性和社会科学绝对独有的特点之一，但是在一种不同寻常的程度上为它们所具有。我指的不是日复一日的变化，而是一个时代到另一个时代的变化；因此，不仅个体的性质改变了，而且大多数人的性质在不同时代也不相同。

这种特殊性的主要原因是结果对其原因的广泛且持续的反作用。人类所处的环境，按照自身的规律和人性规律运作，形成了人类的性格；而人类反过来为自己及子孙后代铸造环境。这种交互作用必然会产生一种循环或进步。在天文学中，每个事实既是原因又是结果；力的方向和强度决定了各个天体的连续位置，但后者又改变了前者。但是在太阳系中，这种相互作用经过一定数量的变化之后，会再次带来先前的环境状态；这无疑导致同一系列以不变的秩序不断重复。总之，那些天体沿着轨道运行：但是存在（或者根据天文学规律，可能存在）其他的天体，它们不是在轨道上运行，而是形成了一个弹道——不返回自身的轨迹。人类事务必定符合其中一种类型。

《新科学》（*Scienza Nuova*）的著名作者维科[1]是最早认为历史事件

---

1 詹巴蒂斯塔·维科（Giambattista Vico，1668—1744年），意大利哲学家、历史学家和法学家，被誉为"历史哲学之父"。维科强调历史和文化的重要性，认为人类社会是由人类自身创造的，而不是完全由自然规律支配。他提出了一种独特的历史周期理论，认为历史会按照一个反复出现的周期发展。这个周期包括三个阶段：神话时代、英雄时代和人类时代。在神话时代，人们相信自然规律和神秘力量；在英雄时代，人们开始使用语言和符号来交流；在人类时代，人们逐渐形成了法律和制度，开始理性地思考和行动。维科的思想对于理解人类社会和历史的发展具有深远的影响。维柯的代表作是《新科学》，这本书是他对历史规律的研究和总结，探讨了历史、语言、宗教和法律等方面的问题。——译者

的演替受固定规律支配并力图通过分析历史来发现这些规律的思想家之一。他采纳了前一种观点。他认为人类社会现象沿着一条轨道运行,周期性地经历相同系列的变化。尽管并不缺少能为这种观点提供说服力的环境,但它经不起仔细推敲;而且,在维科之后从事于此类思辨的人一般都采纳了弹道或进步的观念,而不是轨道或周期的观念。

在这里,"**进步**"和"**进步性**"这两个词并不等于"改进"或"改进趋势"。可想而知,人性规律可能决定,甚至迫使人和社会发生一系列变化,而变化并非在每种情况下或总体上都是改进。尽管会出现偶尔的和暂时的例外,但我相信总体趋势是改进——朝向更好更幸福状态的趋势。然而,这不是社会科学方法的问题,而是科学本身的一条定理。对于我们的目的来说,重要的是人类性格及其塑造的外部环境都存在着进步性的变化;在每个相继的时代,社会的主要现象不同于上一个时代,更不同于以往任何时代:最清楚地反映连续变化的时期是每一代的间隔期,其间一代人接受教育,成长壮大,并主导了社会。

人类的进步性是近年来社会科学哲学方法的基础,该方法远远优越于先前盛行的两种模式——化学或实验模式,以及几何模式。这种方法现在被欧洲大陆上最先进的思想家普遍采纳,它力图通过研究和分析一般历史事实,从而发现(这些哲学家称作的)进步规律;此规律一旦得到确定,就能使我们预测未来的事件,就像我们能根据代数中的一个无穷数列的少数几项推测出它们的排列规则,而且只要我们乐意,就可以预测该系列中的任意剩余项。近年来,法国的历史思辨的首要目标就是确定进步规律。然而,尽管我乐于承认这一学派为历史知识所做的伟大贡献,但我还是认为,他们从根本上误解了社会哲学的真正方法。从历史向我们呈现的不同社会和文明状态中,我们可以追溯它们的演替秩序。但是,纵使该秩序比迄今证实的更为严格地保持齐一,也不等于自然规律,而他们的误解就在于认为两者等同。它只可能是一条经验规律。人类心灵以及社会状态的演替不可能有自己的独立规律;它必定取决于支配人与环境互动的心理学和性格学规律。可以想象,这些规律以及人类整体环境可能是如此这般的,以至于决定了人类和社会的连续变革遵循一个既定的、不变的秩序。但是,即使事实的确如此,发现经验规律也不可能是科学的终极目的。只有把那条规律与它所依赖的心理学和性格学规律联系起来,并通过先验演绎和历史证据的一致将其从经验规律转变成科学规律,我们才能依靠它来预测未来的事件,否则最多只能预测紧邻的案例。在新历史学派中,只有孔德看到了把所有历史概括与人性规律相结合的必要性。

四、社会状态演替规律只能靠逆向演绎法确定

在把历史概括引入社会科学时,一条绝对的规则是,除非我们能在人性中为它找到充分根据,否则不要引入。但我认为没有人会争辩说,从人性原理以及我们人种地位的整体环境出发,可以先验地确定人类发展的必然秩序,并因此预测迄今为止的一般历史事实。在该系列的前面少数几项出现之后,前面的每一代对后面的影响越来越显著(孔德注意到了这一点);最终,我们现在的状态和行为在很大程度上不再是人类普遍环境的结果,甚至不是我们自己的环境通过我们人类的初始性质发挥作用的结果,而主要是由人类整个过去历史在我们身上造成的品质的结果。**环境和人之间的作用和反作用构成了一个长长的系列,其中每一项又是由数量更大和种类更多的部分组成,因此该系列不可能依靠人类官能从产生它的基本规律中计算出来。仅仅该系

列的长度就足以成为一个障碍，因为其中任何一项的小小错误都会在接下来的每一步中快速放大。

因此，如果结果系列本身在作为整体受到考察时没有体现出任何规则性，那么我们建构一般社会科学的努力就是徒劳的。在这种情况下，我们必须满足于先前提到的次级社会学思辨，即努力确定在一个被认为是固定了的社会状态下新原因的引入所导致的结果，这种知识足以满足日常政治实践的更常见的紧迫需求，但容易在社会的进步运动是影响因子之一的所有情况中失败，因此，情况越重要，它就越不可靠。但是，由于人类的天然差异以及局部环境的初始差异远少于一致性，因此人种及其作品的进步发展自然会具有一定程度的齐一性。随着社会的发展，这种齐一性会变大而非减少，因为每个民族的演化起初完全由该民族的性质和环境决定，然后逐渐受到地球上其他国家以及影响它们的环境的影响（随着文明的发展而变得强大）。与此相应，当历史受到明智而审慎的考察时，它会提供关于**社会**的**经验规律**。一般社会学的问题是确定这些规律，并通过演绎推理表明它们是从人性规律中自然而然地派生出来的规律，从而把它们与那些终极规律联系起来。

事实上，即使在历史提示了派生规律之后，我们也几乎不可能先验地证明，它就是人性规律的产物演替或共存的唯一秩序。我们最多能证明，存在着很强的先验理由来预期它，而且别无其他演替或共存秩序更有可能由人性及人所处的一般环境产生。我们甚至经常连这点也做不到，甚至不能表明实际发生的事情是先验可能的，而只能表明它是可能的。然而，在我们现在所刻画的**逆向演绎法**中，这是一个真正的验证程序，它与直接演绎法得出结论时所需的具体经验验证一样，都是必不可少的。经验规律必定是少数实例的产物，因为很少有国家达到社会进步的高级阶段，更少有国家通过自己的独立发展达到这一阶段。因此，如果对这其中的一两个实例认识不足或分析不够，不能与其他实例做充分比较，那么错误而非正确的经验规律出现的可能性更大。正因为如此，人们总是从历史进程中提炼出最错误的概括：不管是在这个历史尚未作为科学建构的国家，还是在历史已经成为一门科学且由精通历史的人建构的其他国家，都是如此。唯一的核对或校正是不断由心理学或性格学规律提供的验证。我们还可以补充说，只有精通这些规律的人才能通过分析历史事实，甚至通过观察自己时代的社会现象，为历史概括准备材料。没有其他人能意识到不同事实的相对重要性，因此不知道要寻找或观察哪些事实；更不用说评估事实的证据，因为在大多数情况下，证据不能靠直接观察得到确认，也不能从明证中了解，而必须从迹象中推断出来。

五、社会静力学，或社会现象共存的科学

社会的经验规律分为两种类型，一种是共存的齐一性，另一种是演替的齐一性。根据这门科学是在确定和验证前一种还是后一种齐一性，孔德先生把它称为**社会静力学**或**社会动力学**，这与力学中平衡条件和运动条件的区分，或生物学中组织规律和生命规律的区分是一致的。这门科学的第一个分支确定社会联盟中稳定性的条件，第二个确定进步的规律。**社会动力学**是把社会视为处于进步运动状态的理论，而**社会静力学**是关于先前提到的社会有机体不同部分之间的同感的理论，换句话说，是同时期社会现象之间相互作用及反作用的理论——出于科学目的，暂时尽可能地对自始至终都在逐渐修正它们全体的基本运动进行抽象。

从第一种视角来看，社会学的初衷是使我们能够从社会存在模式

的一个标志性特征推导出另一个（有待日后直接观察的验证），其推导方式在本质上类似于目前解剖身体时惯用的方法。因此（与哲学家现有的习惯相反），政治科学的初步工作必然假定，社会状态众多元素中的每一个不该再被独立地、绝对地看待，而应该总是无一例外地相对于所有其他要素被考虑，因为它们之间是相互依赖的关系。在这里，强调社会学思辨这一分支的重大、持续效用是多余的。首先，它是社会进步理论必不可少的基础。此外，它可以立即并自行（至少临时性地）代替直接观察，因为在许多情况下，对于某些社会元素而言，直接观察并不总是可行的，但是利用与其他已知元素之间的关系，我们可以充分判断它们的实际状况。科学史能使我们在一定程度上理解这种辅助资源的常规价值，例如，它提示我们，只要考虑到天文学的总体状况与当时显然幼稚的抽象几何学状况之间不可避免的联系，不用等到更严谨的学术做出判定，我们就可以识破古埃及人在高级天文学方面所谓的成就中包含的粗浅错误。类似的案例很多，其特征是无庸质疑的。不过，为了避免夸大其词，我们需要注意，社会各方面之间的必然关系从本质上讲不可能如此简单和精确，以至于观察结果只源于某一种相互协作模式。这样的想法在生命科学中已经过于狭隘，与社会学思辨那更为复杂的本质则完全相悖。但是，准确地估计这些变化的极限，无论是健康抑或病态，至少与在身体解剖学中一样，构成了对各种社会静力学理论必不可少的补充，没有这个补充，上面提到的间接探索就会经常导致错误。

　　这里不适合条分缕析地证明同一社会有机体所有可能方面之间存在着必然的关系；至少在原则上，理智健全的思想家在这上面的观点现在很少有分歧。无论我们选择从哪一个社会元素出发，都可以很容易地认识到，它总是与所有其他元素，甚至与那些乍看毫不相干的元素，都或多或少存在直接的联系。对人类文明逐步发展的动力学考虑，通过展示任一部分的每个变化如何立即或极其迅速地影响到其他所有部分，无疑能更有效地验证社会现象中同感的存在。但是，对纯粹静力学类型的证实可能先行于这种指示，或无论如何紧随于它；因为，跟力学一样，在政治学中，运动从一个物体传递到另一个物体，证明了它们之间存在一种联系。我们无须考察任何科学或艺术的不同分支之间微妙的依存关系，就能轻而易举地看出，在不同的科学中，以及在大多数艺术中，存在着如此一种联系：如果我们充分了解任何一门划界清晰的科学或艺术分支的状况，就可以从它们之间的必然联系真正科学地推断出其他每个分支的同时状态。把这种考虑往前推，我们或许可以构思出科学总体条件和艺术总体条件之间的必然关系，只是相互依赖越间接，强度就越小。当我们不是考虑某个民族的总体社会现象，而是在同时存在的不同国家之中同步考察它时，情况也是如此。尤其在现代，这些国家之间长久的相互影响是无可置疑的，尽管在这种情况下，同感必定常常不具有那么明显的特征，而且必定会随着案例的亲缘关系和接触点的多样性而降低，以至于在某些情况下几乎完全消失，例如西欧和东亚之间，它们的各种一般社会状态迄今为止已经显得几乎不相干了。

紧随这些评论的是对最重要的、直到最近也是最被忽视的普遍原理（在对社会科学的这种划分中，它们可以被看作被确立了）之一的阐述。这条原理即，任何社会中现存的政府形式和同时代文明状态之间存在着必然联系；这是一条自然规律，它使得关于抽象政府形式的无穷讨论和无数理论变得毫无意义，它们除了作为构建更好哲学的准备材料之外，别无他用。

正如前面所述，社会静力学科学的主要成果之一是确定稳定政治联盟的条件。有一些环境，在所有社会中都无一例外地存在，尤其是在社会联盟发展最完善的地方程度最高，那么（当心理学和性格学规律证实了这种迹象时）它们可以被认为是**国家**这种复杂现象存在的条件。例如，没有哪个大型社会不由法律或是相当于法律的惯例来维持，没有法庭和以某种形式被组织起来的武力用于执行决定。总是有公共权威存在，共同体的其他成员，带着一定程度的严格性，在或多或少明确的事情上，要么服从他们，要么由于公众舆论而不得不服从他们。通过这种研究程序，我们会找到一些必要条件，它们出现在每一个维持集体存在的社会中；条件一旦终止，它要么并入其他社会，要么在符合条件的新基础上重建自己。尽管通过比较不同社会形式和状态而获得的这些成果，本身只相当于经验规律，但其中一些一旦被提出，就很有可能是产生于人性的一般规律，以至于两种程序的一致把迹象提升为证据，并使概括提升到科学真理的地位。

这似乎可以证实（例如）下面段落里得出的结论，这一段摘自对18世纪消极哲学的批判，做了一些修改；我引用自己的话（前面有些例子也是如此），因为我没有更好的方法来阐明我对社会静力学定理的构思：

> 社会联盟的第一个要素是服从某种形式的政府，它不是一个容易在世界上确立起来的东西。在像热带国家广阔平原的居民这样胆小怕事、毫无主见的种族中，被动服从可能是自然而然地产生的；尽管即便在那个地方，如果宿命论，换句话说，把环境压力视为神圣命令，没有作为一种宗教学说开枝散叶，那么我们就有理由怀疑被动服从是否在当地民族中出现过。但是，要使一个勇敢好战的种族把其个人意志交给任何共同的仲裁者，其困难总是如此之大，唯有超自然的力量才能克服；这样的部落总是把文明社会的最初建立归因于神圣的起源。依靠实际经验了解野蛮人的人与那些只在文明状态下认识他们的人所做的判断差别极大。

就现代欧洲本身来说，在罗马帝国坍塌后，要消除封建无政府状态，使任何欧洲国家的整个民众服从政府（尽管基督教以其影响最集中的形式共同参与了这项工作），所需的时间是自那时以来的三倍。

现在，如果这些哲学家了解他们自己时代以外以及其社会中特定阶层以外的人性，他们就会意识到，无论在什么地方，如果这种对法律和政府的习惯性服从被牢固和持久地建立，且抵制其建立的活力和男子气概在一定程度上得以保留，就一定存在某些要求，而且某些条件已经满足，其中主要包括：

首先，对于所有被视为公民的人，即没有被野蛮力量压制而沦为奴隶的人，存在着一种教育体系，其从婴儿期开始，贯穿一生。不管它可能包括什么，一个主要和持续的成分是**约束性纪律**：训练人们服从习惯和权力，使个人冲动和目的服务于公认的社会目标；抵制一切诱惑，谨守目标所规定的行为准则；控制容易与目标起冲突的内心感受，并鼓励有助于实现目标的所有感受。这就是教育体系所指向的目的，而当权者能够支配的一切外部动机以及人性知识唤起的各种内部力量或活力都成了实现该目的的手段。古代共和国的整个民事和军事政策就是这样一种培养体系；在现代国家中，它的位置主要被宗教教化取代。一旦约束性纪律的严格程度放松，人类走向无政府状态的自然趋势就会重新萌发，国家从内部陷入混乱；自私目的导致的相互冲突，抵消了对抗邪恶的自然原因所必须的精力；而国家经过或长或短的逐渐衰败阶段，不是成为专制政权的奴隶，就是成为外来侵略者的猎物。

持久政治社会的第二个条件是某种形式的效忠或忠诚感的存在。这种感受可能因其对象而异，因此不拘泥于任何特定形式的政府；但无论是在民主制还是独裁制国家中，其本质始终如一，即国家的宪法中存在被永久固定下来的某种东西，不能被质疑；经过普遍的同意，它有权居其所居，免受打扰，无论世事如何变迁。这种感受可能像是在犹太人（以及古代大多数共和国）中那样，依附于一个共同的神祇或诸神，他们是国家的保护者和守护者。或者，它可能依附到某些人身上，无论是通过神的任命、传统惯例，还是通过被公认的卓越能力和贡献，总之这些人被视为他人的合法领导者和守护者。或者，它可能与法律、古老的自由权或条例联系在一起。或者，最后（这是那种感受今后很可能存在的唯一形式），它可能依附于个人自由、政治和社会平等原则，当然，这些东西现今还没有在哪种制度中得到实现，或只是在尚未完全发展的制度中被实现。但是在所有长久存在的政治社会中，都有某个固定的点被人们一致视为神圣的东西；即便在言论自由成为公认原则，人们可以合法地在理论上争论它，但没有哪个人会害怕或希望在实践中动摇它；总之（也许除了某些暂时性的危机期间），它受到了共同的敬重，而超出了讨论之列。这一点的必要性很容易变得明朗。一个国家从来没有，也不会在人类大幅改善之前，长时间免于内部纷争；因为在任何社会状态中，强权阶层的直接利益和激情之间不可能不发生冲突。那么，是什么使国家能熬过风暴，度过混乱，而不会永久削弱和平的保障？正是这个：无论造成人们失和的利益多么重要，冲突都不会影响当时社会联盟体系的基本原则，也不会通过颠覆共同体大部分人为生计而谋划、寄托其希望和梦想的根基，从而威胁到他们。但是，当对这些基本原则的质疑（不是偶然的疾病或有益的良药，而是）成了政治体的习惯状态，从而自然引发激烈敌意的时候，国家实际上处于内战态势,而且在长时间内绝无可能摆脱它。

　　政治社会的稳定的第三个关键条件是,同一共同体或国家成员之间存在着强烈而积极的凝聚力原则。我们不需要特别强调,我们不是指国籍这个俗套的意义;不是指对外国人毫无意义的反感;不是指对人类整体福祉的漠不关心,或是对自己国家的假想利益做不公正的偏袒;不是指因为是自己国家的,所以敝帚自珍,因为是其他国家的,所以拒之门外。我们指的是一种同情原则,而非敌对;是团结原则,而非分裂。我们指的是在同一政府统治下生活、处于同一自然和历史圈中的人们之间的共同利益感。我们的意思是,共同体中的一部分人不会视自己为另一部分的陌生人;他们重视彼此之间的联系,感觉他们同属一个民族,休戚与共,同胞遭受的任何不幸都是自己的不幸,不会自私地希望通过切断关系来摆脱共同的不便。众所周知,在伟大长存的那些古代共和国中,这种感受是多么强烈。罗马尽管苛政暴虐,却成功地建立了一个共同国家的感受,将其广袤而分裂的帝国的各个省份联系在一起。只要任何一个充分关注过该题材的人费心指出,这一点就会显得彰明昭著。在现代,那种感受最强烈的国家也是最强大的国家;英格兰、法国,以及在与其领土和资源对比显得强盛的荷兰和瑞士就是如此;而英格兰与爱尔兰之间的关系则是缺乏该感受的结果的最显著例子之一。每个意大利人都知道意大利为何处于外国的统治之下;每个德国人都知道维持奥地利帝国专政的原因;西班牙的弊病既源于西班牙人自身民族认同感的缺失,也因为他们与外国人之间民族认同感的存在;而最完整的例证是南美洲的共和国,在那里,同一个国家的各个部分凝聚力如此羸弱,以至于任何一个省份一旦觉得自己受到中央政府的不公对待,就会宣布自己为一个独立的国家。

六、社会动力学,或社会现象演替的科学

通过分析不同社会状态并将它们相互比较,而不考虑其演替秩序,这样就确定了社会静力学的派生规律;相反,在社会动力学研究中,对演替秩序的考虑占主导地位,其目的就是观察和说明社会条件的次序。如果每一代大环境中的每一个都能追溯它在前一代的原因,那么社会科学的这一分支就臻于完善。但是同感如此广泛(尤其在现代史中),以至于在一代和另一代的渊源关系中,是整体产生整体,而不是部分产生部分。因此,首先不去确定那些支配社会状态相互生成而形成社会进步的直接规律或派生规律,即**一般社会学**的中间公理,而直接从人性规律出发建立渊源关系,是不会取得什么进展的。

经验规律很容易通过对历史进行概括而获得,但它们并不等于中间公理。它们不是"中层原理"本身,而只是建立这些原理的证据。它们包括在社会中可察觉到的某些普遍趋势:一些社会元素逐渐增加,而其他元素逐渐减少,或者某些元素的总体特征逐渐变化。例如,很容易看出,随着社会的发展,心理素质越来越盖过身体素质,群体越来越胜过个人;不受外部约束的人类职业首先主要是军事的,但随着社会的发展,生产活动逐渐成为主导,军事精神逐渐让位于工业精神;我们还可以添加很多类似的真理。普通研究者,甚至是目前在欧洲大陆占主导地位的历史学派,都满足于诸如此类的概括。但是这些以及所有这样的成果,仍旧与它们依赖的基本人性规律差距甚远:中间隔了太多环节,在每个环节上原因相互交织得太过复杂,以至于这些命题不能被视为那些基本原理的直接推论。因此,在大多数研究者的心目中,它们停留在经验规律的状态,仅适用于实际的观察

范围；我们没有任何办法来确定它们的真正界限，也无法判断迄今为止的变化是否注定要无限延续下去，还是终结，甚至逆转。

七、历史方法概述

为了获得更好的经验规律，我们不能仅仅满足于记录社会各个元素的渐进变化，它们只显示出结果片段与相应的原因片段之间的关系。我们有必要把社会现象的静态看法与动态看法相结合，不仅考虑不同元素的渐进变化，还要考虑它们的同时状态，从而在经验上获得相应元素在同步状态之间和同步变化之间的对应规律。这种对应规律经过适当的先验验证，将成为人类和人类事务发展的真正科学的派生规律。

在这里要求的观察和比较这一困难进程中，如果碰巧有个元素在社会人的复杂存在中高于其他所有元素，是社会运动的首要能动者，那将为我们的研究大开方便之门。因为我们可以把该元素的进展作为中心链，把所有其他进程的相应环节附加到每个连续的链环上，仅凭这个就可以把事实的演替以一种自发的秩序呈现出来，相较于任何其他纯粹经验性的过程所获得的秩序而言，前者更接近于它们真实的衍生秩序。

如此一来，通过惊人的一致性实例，历史证据和人性证据结合在一起，表明的确存在这样的一个社会元素，它在社会进展的能动者中占主导地位，几乎至高无上。人类思辨能力就是这样的社会元素，包括他们想方设法得出的有关自身及周边世界的信念的本质。

断言思辨、理智活动、追求真理是人性中较为强烈的倾向之一，或者除了明显特殊的个体之外，在任何人的生活中都占据主导地位，这就大错特错了，几乎无人会犯。不过，这一原理虽然在其他社会学能动者中显得相对薄弱，但它的影响也是决定社会进步的主要原因；我们本性中所有其他有助于进步的秉性都依赖于它，把它作为完成份内工作的手段。比如（首先举最明显的例子），对生活艺术改进的最大推动力是对提升物质享受的欲望；但是，由于我们只能根据对外部对象的知识来改造它们，因此任何时期的知识状态是当时的工业改进的极限；工业进步必定追随并依赖于知识的进步。同样，美术的进步也是如此，尽管这不那么明显。此外，由于未开化或半开化的人性中最强烈的倾向（即纯粹自私的倾向和最具自私性质的同情倾向）显然本身就趋向于使人类分裂而不是团结——使他们成为竞争对手而非同盟者，因此社会存在只有通过对这些更强烈的倾向进行训导才有可能，这种训导就在于使他们遵从一个共同的观点体系。遵从的程度是社会联盟完善性的衡量标准，而共同观点的性质决定了它的类型。不过，为了使人类的行为遵守任何一套观点，这些观点必须存在，必须为他们所信赖。因此，思辨官能的状态、理智认同的命题的特征从本质上决定了共同体的道德和政治状态，就像我们已经看到它决定了物理状态一样。

这些结论是从人性规律中演绎出来的，完全符合历史的一般事实。在人类任何部分的生活条件方面，凡是我们已知的重大历史变化，如果不是由外部力量导致，那么在此之前，他们的知识状况或流行信念都会发生相应程度的变化。尽管结果无疑会对原因产生举足轻重的反作用，但是在任何思辨状态和一切相关状态之间，几乎总是前者率先显现出来。物质文明的每一次巨大进步总是以知识进步为先导；当任何重大的社会变革发生时，无论是以渐进发展还是突然冲突的形式，其先导都是社会观点和思维方式的巨大变化。多神教、犹太教、基督教、新教、现代欧洲的批判哲学以及实证科学，每一个都是在各个历史时期塑造社会的首要能动者，而社会在塑造它们的过程中只起次级的工具性作用；每一个（只要能为其存在找到原因）主要不是那一时期实践生活的产物，而是先行的信念和思想状况的产物。因此，人类普遍存在的思辨倾向的弱点并没有阻止思辨进步统领整个社会的进步，只是在理智进展由于缺乏足够有利环境而早早停滞的地方经常性地完全阻止了进步。

从这些积累的证据中，我们有理由下结论说，人类在所有方面的进展秩序主要取决于人类理智信念的进展秩序，也就是说，取决于人类观点渐次转变的规律。问题是，这一规律能否首先从历史中作为经验规律来确定，然后从人性原理中先验地演绎出来，从而转化成一个科学定理。由于知识进步和人类观点变化非常缓慢，并且只在很长的时间间隔内以明确的方式展示出来，因此我们不能指望从一小部分社会进步历程中发现该序列的一般秩序。我们有必要把整个过去的时期考虑进来：从人类有记录的最初状况，到上一代和这一代的重要现象。

八、社会学研究的远景

我所力图刻画的那种研究目前只有孔德先生进行了系统的尝试。迄今为止，他的工作是按照这种**历史方法**的概念研究社会现象的唯一已知范例。在此我们不讨论其结论的价值，尤其是他对**未来**社会的预测和建议；其实在我看来，这种预测和建议在价值上远低于他对**过去**的评价；我只提一个重要的概括，孔德认为它是人类知识进步的基本规律。他认为，对于人类研究的每个主题，思辨都经历了三个连续的阶段；在第一阶段，它倾向于用超自然的动因去说明现象，在第二阶段，利用形而上学的抽象说明现象，而在第三也是最后一个阶段，仅限于确定它们的演替和相似规律。在我看来，这种概括具有高度的科学证据，后者来自历史迹象与人类心灵构造所允许的可能性之间的一致。这样一个命题把它区分的人类理智的三个状态，以及它们的每一次连续变动，与其他社会现象的相关条件结合起来，追溯历史整体进程的结果。仅从该命题的陈述来看，我们很难想象它在其中发挥了多么大的作用。

但是，无论合格的裁判会对个体研究者取得的成果做出何种宣判，现在刻画的那种方法都是探求社会秩序和社会进步的派生规律所必须采用的方法。在其帮助下，我们今后不仅可以成功前瞻遥远的人类未来史，还能确定我们可以使用哪些人为手段，以及在何种程度上来加速有益的自然进步，来弥补它固有的不便和劣势，并防范我们人种在必经历程中可能出现的危险或意外。这些基于最高思辨的社会学分支的实践指导将构成**政治艺术**中最高贵和最有益的部分。

显然，这门科学和艺术的基础才刚刚开始奠定。但卓越的心灵正在明智地转向那个目标。用理论把普遍的历史事实联系起来，已经成了真正具有科学精神的思想家的目标；只要数据存在，社会学说的整体体系就应该对主要的历史事实做出说明，这被看作它的必然要求之一；而**历史哲学**一般被认为既是对**社会进步哲学**的验证，同时也是它的初始形式。

如果目前在所有文明程度较高的国家，甚至在英国（通常是最后加入欧洲思想大潮的国家）为建构**历史哲学**所做的努力都受到我试图（非常简要且不完善）刻画的那些社会学证据本质观点的指导和统领，那么它们必将催生一种社会学体系，它远离以往所有尝试的含糊和猜测性质，并最终值得在科学中占据一席之地。当这个时刻降临，人类事务的重要分支不再沦为经验主义和非科学的猜测；人类的知识圈将变得完整，此后只能通过内部扩展而获得进一步的增长。

第十一章　历史科学的补充阐述

一、统计数据证实了历史事实遵从统一规律

　　社会现象的集体系列，换句话说，历史进程，受哲学可能发现的一般规律支配。这是前面几章力图强调和阐述的观点，在欧洲大陆的科学思想家那里已经相传了好几代人，并在过去四分之一个世纪里，已经从他们的独占领域进入报纸和普通政治讨论中。然而在我们自己的国家，在这本著作第一次出版时，它几乎还是新奇事物，而历史学科的思维习惯恰恰与它背道而驰。自那以后发生了巨大的变化，很大程度上得益于巴克尔[1]先生的重要著作。他以特有的精力，把这一伟大的原理以及许多突出的示例扔到了大众讨论的舞台上，由一群斗士在一群观众面前争论，而这些观众如果仅凭自己从纯粹科学思辨中了解这一原理的存在，他们甚至永远意识不到它的存在。于是出现了大量的争论，不仅使这个原理迅速为大多数受过教育的人所熟悉，还使它摆脱了困扰它一段时间的混乱和误解；这些混乱和误解损害了接受它的人对其价值的认识，并成为许多不接受它的人的绊脚石。

---

[1] 亨利·托马斯·巴克尔（Henry Thomas Buckle，1821—1862年），英国历史学家和哲学家。他的代表作是《英国文明史》（*History of Civilization in England*），该书试图通过统计和分析来研究人类文明和进步的规律。——译者

在通向思考者普遍承认历史事实受科学规律支配的道路上，最根本的障碍仍然是自由意志学说，或者换句话说，否定人类决断受不变的**因果律**支配；因为若非如此，历史进程作为人类决断的产物，就不可能成为科学规律的主题，因为它所依赖的决断既无法预见，也无法在发生之后被化归为任何规律性法则。我在前面合适的章节中就这个问题进行了讨论，只是在此有必要重申，人类行为的**因果关系**学说（被不当地称为**必然性**学说）并不肯定任何神秘的联系或是支配一切的宿命：它只是断言，人的行为是人性的一般规律、环境以及自身独特性格的共同产物，而那些性格又是构成其教育的自然和人工环境的结果，其中必定包含他们自己有意识的努力。我相信，任何愿意（如果允许我使用这种表述）费心思考这一学说的人都会发现，它不仅是对人类行为普遍经验的忠实诠释，也是对他自己在任何具体情况中自发地解释自身行为经验时所采用的模式的正确描述。

但是，如果这一原理对于个人而言是正确的，那么它必定对于集体的人来说也是成立的。如果它是人类生活的规律，那么它必定在历史中得到实现。如果它是对的，那么从总体上看，人类事务的经验必定与之符合；如果它是错的，经验就会与之相悖。这种后验验证对这条规律的支持，是巴克尔先生最清楚、最成功地阐明的部分。

自从统计数据成为仔细记录和研究的主题以来，它们已经引出了一些结论，对于不习惯将道德视为受统一规律支配的人来说，其中有些结论显得骇人听闻。那些在本质上看似最反复无常、最不确定的事件，在单个情况下凭我们的知识不足以预见，但是涉及相当大的数量时，发生的规则程度接近数学规则。还有什么行为会被认为比谋杀更彻底地依赖个人性格以及个人自由意志的行使？然而据统计，在任何一个大国，谋杀数量与人口的比例在年与年之间变化很小，而且其变化从未大幅偏离某个平均值。更值得注意的是，每年用每种特定工具实施的谋杀案的比例也接近于一个常数。在合法与非法出生的比较数量上，年与年之间也存在近似的一致。自杀、事故以及所有其他记录完备的社会现象也是如此。其中最离奇的例子之一是由伦敦和巴黎邮局的登记簿确证的一件事实：写信人忘记写地址的信件数与寄件总数的比例在年与年之间是相同的。巴克尔先生说："年复一年，相同比例的写信人忘记了这个简单的行为，因此我们实际上可以预测出，在每一个连续时期，有多少人的记忆会在这个微不足道、看似偶然的事情上出现失误。"

这种整体上神奇的高度规则性，与组成整体的个别案例的极度不规则性，是对因果律在应用于人类行为时的一种巧妙的后验验证。假定这条规律是真实的，那么每种人类行为，如每一起谋杀，都是两组原因的共同产物。一方面是国家及其居民的一般情况：对全体人民产生影响的道德、教育、经济，以及其他因素构成了我们所说的文明状态。另一方面是特定于个体的各种影响因素：其性情、身体组织的其他特点、出身、亲朋好友、渴望等。如果我们现在把所有出现在足够大的范围内的事例都考虑进来，以穷尽这些特殊因素的所有组合，或者换句话说，排除了偶然性；而且，如果所有这些事例都在一个狭窄的时间范围内发生，使得构成国家文明状态的一般影响因素没有发生实质性变化，那么我们可以确定，如果人类行为受不变规律的支配，那么总体结果将呈现类似恒定的数量。在那个时空发生的谋杀数量部分是未变化的一般原因产生的结果，部分是其整个变化范围已包括在内的局部原因造成的结果，因此这一数量实际上是不变的。

它不是严格的和数学意义上的不可变化，我们也不能指望它如此；因为一年的时间太短，不能包括局部原因的所有可能组合；而与此同时，它又足够长，使得在每个系列的至少一些年份中，多多少少出现了具有一般特点的新因素，比如或严或松的治安管理，政治或宗教原因引起的暂时动荡，或败坏想象力的知名事件。尽管数据中存在这些不可避免的缺陷，但是在年度结果中的变化幅度微乎其微，是对这个一般理论的有力证明。

二、它并不意味着道德原因无关紧要

历史事实是原因的不变结果，对显著地强化该学说的证据的考虑同样有助于澄清对它的各种误解，近来的讨论已经清楚地显示这些误解的存在。例如，有些人似乎认为，这个学说不仅意味着一定时空内发生的谋杀总数完全是社会一般环境的结果，而且每一次具体的谋杀也是如此；作为个体的谋杀者可以说只是一般原因手中的工具；他自己没得选择，或者，即使他有选择，并选择不谋杀，也必然有其他人代替他实施谋杀；如果任何一个实际的凶手放弃了犯罪，那么本来清白的人会制造一起谋杀来补足平均数。这样的推论必定会使任何必然导向它的理论陷入荒谬。显而易见，每一次具体的谋杀不仅仅取决于社会的一般状态，而且取决于它与个案特殊原因的结合，而后者一般更有影响力；此外，如果这些特殊原因在每一起具体谋杀案中比一般原因的影响更大，但对给定时期内的谋杀数量没有影响，那是因为观察范围太广，囊括了特殊原因的所有可能组合——与一般社会状态兼容的各种个体性格和个人渴望。集体实验准确地把一般原因的结果同特殊原因的结果分开，并显示前者的净结果；但它对具体原因的影响程度，无论是大是小，不做任何论断，因为在实验规模涵盖的案例中，具体原因的结果相互抵消，并消失在一般原因的结果之中。

我不会假装所有支持这一理论的人不会出现表述上的问题，没有以牺牲特殊原因为代价来抬高一般原因的影响的倾向。相反，我认为他们在很大程度上做了这种事，从而使其理论陷入困境，并使它容易遭受不必要的反驳。例如，有些人（其中就包括巴克尔先生本人）从取决于道德品质的事件重复发生的规则性中已经推断出，或者允许人们认为他们推断出，人类的道德品质很难改善，或者与理智或经济原因相比，在社会的整体进步中不太重要。但是，得出这个结论是忘记了，推出不变的平均数所依赖的统计表是根据少量连续年份内发生在狭小地理范围内的事实编制的；也就是说，它所来自的整个领域都受到相同的一般原因的作用，而且历时太短，内部不可能发生太多变化。所有道德原因，除了全国普遍存在的外，通常由于考虑进来的实例太多而被消除；而且在较短的观察期内，全国普遍存在的道德原因没有发生重大变化。如果我们认定它们已经发生变化，如果我们把一个时代与另一个时代进行比较，或是把一个国家与另一个国家相比，甚至把一个国家的一部分与另一部分相比，由于道德因素的地位和特点不同，一年内犯下的罪行不再是相同的，在总数上差别很大。这是不可避免的，因为每个个体犯下的每一起罪行主要取决于他的道德品质，而全体国民所犯的罪行必定在同样程度上取决于他们集体的道德品质。要在大范围内使这一因素失效，我们需要假定人类整体的平均道德水平不依国家和时代而变化；但这是不正确的，即便它正确，现有的统计数据也无法证实。尽管如此，我仍然同意巴克尔先生的观点，即人类的理智因素，包括他们的信念本质、知识量和智力发展，是决定他们进步的主要因素。但是我之所以持这种观点，不是因为我认为他们的道德或经济条件不够有力，或者变化不大，而是因为这些动因在很大程度上是理智条件的结果，而且正如前一章所述，它们在所有情况下都受到了它的制约。理智变化在历史上是最引人注目的能动者，不是因为它们本身的力量更强，而是因为在实践中，它们具有全部三种力量的联合效力。

三、它也不意味着个体性格和政府行为的无效

在讨论这个主题时，人们常常忽略另一个极为重要的区分。社会进步受不变规律支配的理论，与社会进步不可能受个人努力或政府行为的实质性影响这一学说常常结合在一起。尽管它们经常被同一人持有，但其实是两种非常不同的观点。将它们混淆在一起，就是把**因果关系**与**宿命论**一再混为一谈的错误。因为任何事情都是各种原因（包括人类的决断）的结果，但这并不意味着决断，即使是特殊个体的决断，作为原因也没有很大的效力。如果有人在海上经历风暴，而他因为每年都有大致相同数量的人会因船只失事而丧生，就推出努力自救是徒劳的，那么我们应该称他为**宿命论者**，而且应该提醒他，船只失事后人们自救的努力绝非无足轻重，事实上这些努力的平均程度正是确定每年因船难死亡的人数的原因之一。无论社会发展的规律多么普遍，也不可能比自然界的物理动因规律更普遍、更严格；然而人类意志能把它们转变为实现其意图的工具，这种能力的程度构成了野蛮人和高度教化的文明人之间的主要差别。由于其复杂性，人类和社会事实并非像力学和化学事实那般不易改变，而是更容易改变；因此，人类的动因对它们影响更大。与此相应，那些主张社会演化完全或几乎完全取决于一般原因的人，总是把整个人种的集体知识和理智发展包括在其中。但是，既然包括了整个人种，为何不把强大的君主或思想家，或者通过政府行使权利的统治阶级包括进来？尽管常人的性格多种多样，在整体上互相抵消，但特定时代地位显赫的特殊个体绝不会相互抵消；不存在另一个具有相同权力和

相反性情的泰米斯托克利[2]、路德、恺撒，恰好抗衡历史上的泰米斯托克利、路德和恺撒，使他们无法产生永久性的影响。此外，亦未可知，特殊人物的决断，或是在特定时期身为政府成员的个人的观点和意图，可能是一般原因产生其结果的因果链中必不可少的环节；我相信这是此理论唯一站得住脚的形式。

麦考利[3]男爵在其早期的一篇著名论文中（补充一句，这是他自己没有选择重印的一篇）表达了伟人绝对无效用的学说，我认为这比其他同等才华的作家表述得更绝对。他把伟人比作站位更高的人，因此比其他人更早感受到太阳的光芒：

> 太阳在地平线以下照亮了山丘，真理则在展示给凡夫俗子之前就已被最高贵的心灵发现。这就是他们的优势所在。他们是第一个捕捉并反射光的人，即使没有他们的帮助，那些在地势上远低于他们的人也很快能看见这道光。

如果把这个隐喻展开，就可以推出，即使世界上没有牛顿，不仅牛顿体系存在，而且会来得同样迅速，就如同没有高地挡住更早的光线，平原上的观察者一样可以早早地看到它。在这种情况下，真理就像太阳一样，凭借自身的运动而升起，毋须人类的努力。但实际情况

---

[2] 泰米斯托克利（Themistocles，约公元前524—公元前459年），古希腊雅典城邦的政治家和军事将领。在波斯战争期间，他领导雅典海军在萨拉米斯海战中战胜波斯人，使雅典成为希腊最强大的城邦之一。——译者

[3] 托马斯·巴宾顿·麦考利（Thomas Babington Macaulay，1800—1859年），英国作家、政治家、历史学家和诗人，被誉为"维多利亚时代的杰出人物"。他的文学作品（包括诗歌、散文和历史著作等）中最著名的是《从詹姆斯二世即位以来的英国历史》(*The History of England from the Accession of James the Second*)，是英国历史学的里程碑之一。——译者

并非如此。我相信,如果牛顿不存在,世界必定还在等待牛顿哲学的出现,直到另一个牛顿或是与之相当的人物出现。普通人,甚至一连串的普通人,都无法提出它。我不会说牛顿一生的成就不可能被才华次之的追随者逐步实现。但即使是其中最不起眼的一步也需要理智超绝的人。杰出人物不仅仅从山顶看到即将到来的光明,他们爬上山顶并唤醒它;如果不曾有人登顶,光明在很多情况下可能永远照耀不到平原上。哲学和宗教在很大程度上受一般原因的影响;不过很少有人怀疑,如果没有苏格拉底、柏拉图和亚里士多德,接下来的两千年就不会有哲学,甚至以后也很可能没有;如果没有基督和圣保罗,就不会有基督教。

在决定社会发展速度方面,杰出人物具有决定性的影响。在大多数社会状态中,正是伟人的存在甚至决定了进步的存在。可以想象,希腊或基督教欧洲在历史的某些时期,可能仅凭一般原因就取得进步;但是,如果没有穆罕默德,阿拉伯会出现阿维森纳[4]、阿威罗伊[5]、巴格达或科尔多瓦的哈里发[6]吗?不过,在决定人类进步的方式和秩序方面,个体性格的影响要小得多。人性的一般规律以及人类心灵的构造在这方面建立了一种必然性。在发现某些真理或做出某些发明之

---

[4] 阿维森纳(Avicenna,又名 Ibn-Sina,980—1037 年),波斯人,伊斯兰医学家、哲学家,中世纪最具影响力的哲学家和科学家之一,著有四百五十多部作品,涵盖哲学、神学、医学、天文学和炼金术。其著作《医典》(Canon of Medicine)在欧洲和伊斯兰世界几个世纪中被广泛用作标准医学教材。——译者

[5] 阿威罗伊(Averroes,又名 Ibn Rushd,1126—1198 年),阿拉伯哲学家、医生和法学家。他的哲学思想主要涉及伊斯兰哲学、亚里士多德哲学和自然科学等领域,其著作对中世纪欧洲的哲学和自然科学产生了深刻的影响,被誉为"西方亚里士多德主义的救星"和"欧洲亚里士多德诠释者"。——译者

[6] 哈里发(Caliph),意为"伊斯兰教国家的领袖"。在伊斯兰教的早期历史中,哈里发是伊斯兰教的最高领袖,先知穆罕默德的继承人,负责领导伊斯兰教徒的社会和政治事务。——译者

前，必须先发现其他真理或做出其他发明；从本质上说，某些社会改良只能在其他改良之后，而不能在其之前发生。因此，人类进步的秩序可能在一定程度上具有确定的规律；至于进步速度，甚至它是否会发生，我们不能做出扩展到全人类的任何概括，而只能对一定历史阶段连续进步的小部分人，基于他们的特殊处境或特殊历史，做一些非常不确定的近似概括。即使从进步的方式，即社会状态演替的秩序来看，我们在概括时也需要保持高度的灵活性。正如动物生活一样，社会生活可能发展的变化范围是鲜为人知的主题，也是社会科学的一个重大问题。无论如何，不同人类群体在不同环境下以多少有别的方式发展，并形成了不同的生活形式，这是一个不争的事实。在这些起决定作用的环境中，伟大的思想家或实践组织者的个人性格很可能就是其中之一。谁能告诉我孔子的个性对整个中国后来的历史产生了多么深远的影响？告诉我莱克格斯[7]的个性对斯巴达（从而对希腊和世界）有多大的影响？

在有利条件下，对于伟人为人类、政府为国家所做贡献的性质和范围，可能有许多不同的看法；每种看法在这些要点上都符合我们最充分的认识，即历史现象有不变的规律。当然，这些更特殊的动因造成影响的程度会在很大程度上影响一般规律的精确度，也会影响我们对建基在它们之上的预测的信心。凡是取决于个体的个性及其偶然处境的事物，必然是无法预见的。毫无疑问，这些偶然的组合可能像别的组合一样被消除，只要周期足够长：伟人个性的历史影响力有时会持续上千年，但在五千万年后，其影响可能荡然无存。然而，由于穷尽伟人与环境的所有可能组合所需要的平均时间极其漫长，我们不

---

[7] 莱克格斯（Lycurgus）传说是古希腊斯巴达城的立法者，生活在公元前9世纪左右。据传他领导了斯巴达城的改革，创立了斯巴达的独特政治制度和社会制度。——译者

可能拥有这样长的时间，人类事务演化的规律同样依赖这样一个平均时间，因此是并且仍然是遥不可及的；今后一千年对于我们的重要性远远超过五千万年剩下的全部岁月，这一千年中将要发生的有利和不利组合对于我们纯属偶然。我们无法预见伟大人物的出现。那些把新的思辨思想或伟大的实践构思引入世界的人不可能预先确定他们的时代。科学能做的如下。它能从过去的历史中追溯使人类进入那种初步状态的一般原因，当伟人应运而生时，这种初步状态又使人类容易受到他的影响。如果这种状态继续下去，依靠经验我们大致可以确定，在或长或短的时期内，伟大的人物将会出现，只要国家和民族的一般环境与他的存在相容（很多时候并非如此）；在这一点上，科学可以在某种程度上做出判断。正是以这种方式，进步的结果，除了它们产生的速度外，能够在一定程度上化归为规则性和规律。不管我们赋予特殊人物或政府行为多大的影响力，都与我们相信进步的结果能被化归的信念相容。同样的道理也适用于所有其他的意外和干扰因素。

四、杰出人物和政府政策历史重要性的说明

然而，只把一点微不足道的重要性赋予作为动因的杰出人物或政府是极其错误的做法。我们不能因为他们无法提供一般社会环境和历史进程尚未为之做好准备的东西，就下结论说两者的影响很小。思想家和政府无法实现他们的所有意图，但作为补偿，他们经常制造他们完全预料不到的重要结果。伟大的人物和伟大的行为很少被浪费：他们释放出上千种看不见的影响，比看得见的更有效；尽管领先于时代的人物满怀好意所做的事情中，十之八九不会产生实质性的效果，但第十件事所产生的效果是任何人预测的二十倍。即使由于缺乏充分有

利环境而在自己的时代没有留下任何印记的人，对后世也往往具有极大的价值。有谁能比早期的异教徒看似活得更徒劳？他们或被烧死，或被残杀，其著作被销毁，其记忆被诅咒，其名字和存在七八个世纪以来被尘封在发霉的手稿里——他们的历史或许只能从对他们的判决词中被提取。他们在自己生活的时代抵制了后来被整个基督教世界奉为圭臬的一些主张或教条。对他们的记忆，打破了传统的束缚，树立了一系列反抗的先例，激励了后来的**改革者**，并为做好准备跟进他们的人类提供了武器。讲完了人的例子，我们再看一个关于政府的例子。在18世纪相当长的一段时间里，西班牙享受了相对开明的统治，但这并没有纠正西班牙人民的根本缺陷；因此，尽管它暂时带来了极大的好处，但大部分随它一道消失了，可以说它没有产生任何持久的效果。这个例子被引为证明政府在对抗决定国家整体特点的原因时多么无能为力。它的确表明政府有哪些事情无力为之，但不是说他们什么也做不了。试比较西班牙在自由政府统治的半个世纪之初和结束时的情况。在那个时期，欧洲思想的光辉照耀了更多受过教育的阶层，此后薪火相传从无中断。而在那之前变革都是朝着相反的方向；文化、光明、理智的甚至物质的活动都渐渐熄灭。阻止这种下降趋势，把它转变为上升进程，难道一无所是吗？查理三世[8]和阿兰达[9]力所不能的，有多少是他们努力的最终结果！多亏了那半个世纪，西班牙才摆脱宗教裁判所和僧侣，才有了议会和出版自由（特殊时期除外），

8　查理三世（Charles the Third，1716—1788年），西班牙国王，启动西班牙改革运动的关键人物之一，致力于对西班牙经济、教育和政治制度的改革，对西班牙的现代化和自由化产生了深远的影响。——译者

9　佩德罗·巴勃罗·阿巴卡·德·博莱亚（Pedro Pablo Abarca de Bolea，1718—1798年，第十代阿兰达伯爵），曾在西班牙国王查理三世的统治下担任首相，主张改革教育、减少教会的权力、废除宗教审判等，是西班牙在18世纪实行改革的主要推动者之一。——译者

才有了自由和公民意识，才有了铁路，有了促进物质和经济进步的其他一切要素。在那个时代之前的西班牙，如果这个国家继续由奥地利王朝的最后那些王子王孙统治，或者波旁王朝的统治者从一开始就统治了西班牙和那不勒斯，就不会有任何一个因素能在任何时间内推动上述成果的出现。

如果一个政府能在促进积极改善方面贡献甚多——即使看起来微不足道，那么它在抵御内部和外部的邪恶方面，就更是功不可没，否则这些邪恶会完全阻止改善。在特定危机时期的一个城市中，军师的好坏会影响整个世界的后续命运。关于历史事件的任何偶然判断都可以确定，如果没有泰米斯托克利，就不会有萨拉米斯的胜利；如果没有萨拉米斯的胜利，又何谈我们的全部文明？如果不是卡瑞斯和吕西克列斯，而是伊帕曼诺达斯、提摩禄，甚至是伊菲克拉特斯坐镇查雷隆尼亚，结果犹未可知。[10] 在探讨**历史研究**的两篇论文[11]中，第二篇说得好——我认为这是最近在相关主题上的争鸣引出的最合理、最有哲学价值的成果：历史科学并不授权绝对的预测，而只授权有条件的预测。一般原因分量不浅，但是个体也"在历史上导致了重大变化，

10　卡瑞斯（Chares）和吕西克列斯（Lysicles）是公元前4世纪的古希腊雅典将领，他们参加了在克里特岛上抗马其顿的战争，最终失败。

伊帕曼诺达斯（Epaminondas），公元前4世纪的古希腊波斯尼亚人，斯巴达战争的指挥官，他率领底比斯联盟在勒克特拉战役中打败斯巴达军队，结束了斯巴达的霸权。

提摩禄（Timoleon），古希腊著名的军事将领和政治家，他成功地推翻了西西里的暴君，重建了城邦的自由和民主。

伊菲克拉特斯（Iphicrates），古希腊的将领和军事家，曾在雅典军队中担任重要职务，被认为是希腊历史上最杰出的轻步兵将领之一。

查雷隆尼亚（Chaeroneia）是公元前338年希腊中部发生的一场战役，由马其顿国王菲利普二世领导的马其顿军队在该战役中击败了雅典和其盟友的联军，标志着希腊城邦的独立时代结束。——译者

11　刊登于1861年6、7月份的《康西尔杂志》（*Cornhill Magazine*）。——译者

并在死后长时间影响着整个历史的发展……如果没有尤利乌斯·恺撒，罗马共和国会沦为军事独裁"（由于一般原因的存在，这一点在实践上是确定的）；"但是在那种情况下，高卢确定会成为帝国的一个行省？瓦鲁斯[12]是否还会在罗纳河畔失去他的三个军团？那条河是否会取代莱茵河成为边界？如果恺撒和克拉苏[13]换了省份，这完全可能发生；而且在这样的事件中，谁都无法肯定欧洲文明的（用律师的话说）审判地是否会发生变化。同样，就如一篇报刊文章所写，诺曼征服也是一个人的行动；我们对那个人及其家族的历史了如指掌，我们可以回顾性地预测，除了他以外，可以肯定没有其他人（我指的是那个时代的其他人）能实现那样的伟业。如果没有实现，我们有什么理由认为我们的历史或民族性格会是现在这个样子呢"？

这位作者同样非常正确地评论说，正如格罗特[14]先生所澄清的那样，整个希腊历史就是一连串的例子，展示了作为整个后续文明命运的转折点的事件，是多么频繁地取决于某个个体的善恶品质。不过，我们必须说，希腊提供了历史上这种品质的最极端的例子，是一般趋势的夸张表现。人类的命运取决于在一个城镇或一个比约克郡稍大的国家维持现存事物的某种秩序，它与人类事务的一般趋势相比微不足道，可以因一百种原因而被摧毁或拯救。这种情况只发生了那么

---

12 瓦鲁斯（Varus），古罗马的一位将军和行政官员，他在公元9年领导三个罗马军团进攻日耳曼部落时，被日耳曼首领阿鲁斯（Arminius）击败，这场战役被称为瓦鲁斯战役。这场惨败使罗马帝国放弃了对日耳曼地区的扩张计划，也被认为是罗马帝国衰落的重要因素之一。——译者

13 马库斯·李锡尼乌斯·克拉苏（Marcus Licinius Crassus，公元前115—公元前53年），古罗马的一位政治家和将军，共和国末期的三巨头之一，与恺撒和庞培并列。他曾在公元前53年率领罗马军队进攻帕提亚，但最终失败并被俘，这场战役被称为克拉苏战役。——译者

14 乔治·格罗特（George Grote，1794—1871年），英国历史学家，著有12卷本的《希腊史》（*History of Greece*）。——译者

一次，而且很可能再也不会发生。普通的意外事故和个人性格再也不会像当时那样至关重要。正如孔德所说，人类持续的时间越长，变得越文明，过往历史对现在的影响，以及人类整体对其中每个个体的影响，就越会压倒其他力量；尽管事态的发展进程永远不会停止受到偶然事件和个人品质的影响，但人类的集体性动因对所有次要原因的日益增长的优势不断使人类的总体演化更少地偏离某种既定轨道。因此，历史科学变得越来越可能，不仅是因为它得到了更好的研究，还因为在每一代中它变得更适合研究。

第十二章 实践逻辑或艺术；包括道德和政策

一、道德不是科学，而是艺术

在前面的章节中，我们试图描述那些被称为道德的知识分支的现状。只有研究自然进程，它们才可以被恰当地称为科学。然而，人们习惯于在**道德知识**甚至（尽管不恰当）**道德科学**这一称呼下纳入一种研究，该研究的结果不是以陈述式表达，而是以祈使式或等价的形式表达，这就是所谓的义务知识、实践伦理学或道德。

现在，祈使式成了艺术的特征，使之区别于科学。任何以规则或指导而不是以事实陈述表达的东西都是艺术；伦理学或道德正是与人性和社会科学相对应的那部分艺术。

因此，**伦理学**的**方法**只能是**艺术**的方法，或是一般而言的**实践**；这个部分尚未完成，我们的最后一本书要完成的任务就是描述**艺术**的一般**方法**，以便与**科学**区分开来。

二、艺术规则和相应科学定理之间的关系

在实践事务的所有分支中，有些情况下个人必须遵守预先建立的规则；而有些情况下，他们的任务之一是找到或建构用以规范自身举止的规则。例如，遵守明确书面法规的法官就是属于第一种情况。法官并不需要决定手头的具体案件中哪种做法最合适，而只需要判断它属于哪条法律规定的范围；立法机关已经规定了这类案件的处理方法，因此在具体案件中，其意图必定能推断出来。这里的方法必定完全是推理或三段论；而程序显然是我们在分析三段论时展示的，即所有推理都是对公式的解释。

为了使反面例证在主题上与前者属于同一类型，我们假设立法者的处境与法官的处境形成对比。就如法官有法律指导，立法者也有规则和政治准则；但是，认为立法者受这些准则约束，就像法官受法律约束一样；认为立法者的任务是从准则中推导具体案件，就像法官从法律推导具体案件一样，显然是错误的。立法者有义务考虑准则的理由或根据；法官则无需关心法律的理由或根据，除非在法律制定者措辞有疑问的地方，对它们的考虑有助于了解其意图。对于法官来说，规则一旦明确地确立了，那就是终极规则；但是靠规则行事而非依靠规则的理由行事的立法者或其他实践者，就像被拿破仑打败的老式德国战术家，或宁愿让病人按规矩死去而不是违背规矩治愈病人的医生，纯粹是书呆子，是公式的奴隶。

因此，政策准则或任何其他艺术规则的理由只能是对应科学的定理。

艺术规则与科学学说之间的关系可以这么描述：艺术为自己设定一个要实现的目标，定义这个目标，并把它交给科学。科学把它接过

来，视其为需要研究的现象或结果，并在研究了其原因和条件后，将它与它赖以产生的环境组合的定理一起交还给艺术。**艺术**随后检查这些环境组合，并根据它们是否处在人类能力范围内，宣布目标是否可以实现。因此，**艺术提供的唯一前提**，就是最初的主要前提，它断言实现既定目标是可取的。科学然后把"执行某些行动将会实现目标"这条命题（通过一系列归纳或演绎获得）借给**艺术**。**艺术**从这些前提中推出执行这些行动是可取的，并发现它也是可行的，从而把定理转化为规则或指导。

三、艺术规则的真正功能是什么

值得特别注意的是，只有在完成了科学的全部而非部分运作之后，定理或思辨真理才能转化为指导。假设我们只是把科学进程推到某一点，发现了特定原因会产生期望的结果，但还未确定所有必要的负面条件，即一旦存在，就会阻止其产生的所有环境。在这种科学理论不完善的状态下，如果我们试图建构艺术规则，那就失之仓促。每当定理忽视的对抗性原因发生时，规则就会出问题；我们采取手段，但目的不会实现。此时，关于规则本身的争论也无济于事；除了回头完成应该在规则形成之前完成的科学进程外，别无他法。我们必须重启调查，研究影响结果的其他条件；只有在确定了所有这些条件之后，我们才可以说是准备好了把完成的结果规律转化为指导，其中被科学作为条件展示的那些环境或环境组合被规定为手段。

的确，出于方便，规则必定是从某种没有这般理想完美的理论中形成；首先，因为理论很少能完美无缺；其次，如果所有对抗性的偶然因素，无论频繁还是罕见，都包括在内，规则将过于繁琐，普通人难以在日常生活中理解和记忆。艺术规则并不试图囊括比普通情况下需要关注的更多条件，因此总有不完美。在手工艺中，所需条件不多，而规则没有明确指出的条件通常要么对于平常的观察来说非常明显，要么很快从实践中学到；因此，只要知道规则，就可以放心地按照规则行事。但是在复杂的生活事务中，尤其是在国家和社会事务中，我们只有不断地回顾规则所基于的科学规律才能倚赖它们。了解哪些实际偶然因素需要修改规则，或者哪些完全构成了规则的异例，就是要了解哪些环境组合会干扰或完全抵消那些规律的结果：而这只能通过参考规则的理论依据来知悉。

因此，明智的实践者只会把行为规则当作临时性的。规则是为大多数或最常见的情况制定的，它们指出了在没有时间或手段分析案例的实际环境，或者我们无法相信我们对它们的判断时，最不危险的行动方案。但是，当环境允许的时候，它们并没有完全取代根据眼前特定案例的数据建构规则所需的科学进程。同时，通用规则可以很好地作为警示：某种行动方案已被我们自己和其他人发现非常适用最常见情况，因此如果它不适合于眼前的案例，很可能是因为一些不同寻常的环境。

四、艺术不可能是演绎的

因此，那些试图从假设的普遍实践原理中演绎出适用特定情况的行动方案的人犯了明显的错误，他们忽视了不断回顾思辨科学原理的必要性，以确保实现规则所设定的特定目的。那么，把这些不可动摇的原理不仅作为实现既定目的的普遍规则，并且作为一般行为规则来建构，而不考虑可能会有某些修正原因会阻止靠规则制定的手段实现给定目的，甚至成功本身也可能与其他或许更为可取的目的发生冲突，这种做法的错误不是更大吗？

这是被我定性为几何学派的许多政治思辨者的习惯性错误；特别是在法国，基于实践规则的推理构成了新闻和政治演说的主要内容；这种对**演绎**功能的误解使法国人所特有的概括精神在其他国家受到了极大的怀疑。在法国，政治学老生常谈的内容是广泛而全面的实践准则，人们把它们作为终极前提，向下推理到具体应用，他们视之为逻辑的和融贯的。例如，他们老是争论说某某措施应该被采纳，因为它是政府形式赖以建立的原则的结果，是合法性原则或人民主权原则的结果。对此可以答复说，如果这些是真正的实践原则，它们必须建立在思辨基础之上；例如，人民主权必须是政府的正确基础，因为在它之上建立起来的政府趋向于产生某种有益的结果。然而，由于没有哪个政府能产生所有可能的有益结果，所有结果又都伴随或多或少的不便，而这些不便通常不能通过从产生它们的原因中找到手段来抵制，因此，对于某种实践安排，我们往往更加建议不要遵循所谓的政府的一般原则。在合法性政府下，这种推测非常有利于具有民意基础的制度；在民主制度下，它支持的安排更有利于制衡民意的冲动。法国政治哲学这种如此普遍的错误论证思路，容易导致下述实践结论：我们应该全力加剧而不是减轻我们选择的或我们碰巧生活于其中的制度体系的典型缺陷。

五、每门艺术都由科学真理组成，它们按照某种实践用途的秩序排列

因此，各种艺术规则的基础需要在科学定理中找到。一门艺术或一组艺术是由规则以及为规则辩护的思辨性命题组成。与任何题材有

关的完整艺术都包括了对科学这一部分的选择，以显示该门艺术旨在产生的结果所依赖的条件。艺术总体上由科学真理组成，这些真理按照最方便实践而非思考的秩序排列。科学将其真理分组和整理，以使我们尽可能多地一览宇宙的总体秩序。艺术虽然必须遵循相同的一般规律，但止步于它们的详细结果——行为规则的形成，并把科学领域中彼此相距最远的部分的真理汇集起来，这些真理事关各种不同和异质条件的创造，用以制造实践生活急需的各种结果。

因此，科学追踪一个原因到其各种结果，而艺术则追溯一个结果到其多元化和多样化的原因及条件，我们需要一套中层科学真理，源自科学的更高普遍性，用作各种艺术的总论或第一原理。按照孔德的描述，构造这些中层原理的科学活动，是为将来准备的哲学成果之一。他指出的唯一一个已经实现并可作为在更重要的题材中模仿的典型范例是蒙日[1]构思的**画法几何学**艺术的一般理论。不过，要理解这些中层原理的本质通常并不困难。在建构了最全面的目标概念（即要达到的结果），并以同样全面的方式确定该结果所依赖的条件集之后，还需要从整体上调查可满足这套条件的资源；当调查结果体现在最少而又最广泛的命题中时，这些命题将表达可用手段与目的之间的一般关系，并构成艺术的一般科学理论，而它的实践方法会作为推论从中产生。

六、目的论，或目的学说

但是，把各门艺术的目的或意图与其手段联系起来的推理属于科

---

[1] 加斯帕尔·蒙日（Gaspard Monge，1746—1818年），法国数学家和数学教育家，画法几何学创始人。——译者

学领域，对目的本身的定义则专属于艺术，并构成其独有领域。每门艺术都有一条第一原理，或是一般的大前提，它不是从科学那里借过来的；它阐述了要实现的目标，并肯定它是一个可取的目标。建筑师的艺术假定拥有房屋是可取的；建筑学（作为一门美术）假定了使它们美丽或宏伟是可取的。卫生和医学艺术假定了保护健康和治疗疾病是合适的、可取的目标。这些都不是科学命题。科学命题断言事实：存在、共存、演替或相似。现在所说的命题并不断言任何事物，而是命令或建议某事应该如何。它们是一个独立的类别。以"应该"或"应该是"为谓词的命题，在类型上与以"是"或"将是"为谓词的命题不同。诚然，在最广泛的意义上，甚至这些命题也以事实的形式断言一些事物。它们断言的事实是，建议的行为在说话者的心灵中激发了赞同的感受。然而，这并没有深入问题的本质，因为说话者的赞同并不是他人赞同的充分理由，甚至对于他自己来说也不应该是一个决定性的理由。出于实践目的，每个人都必须为自己的赞同辩护；为此我们需要一般性的前提，决定赞同的恰当对象以及这些对象之间恰当的优先秩序。

这些一般前提，以及可以从中推导出的主要结论，一道组成了（或者更准确地说，可以组成）一种学说体系，实际上就是**生活艺术**，它有三个部门：**道德**、**审慎**或**政策**、**美学**；在人类行为和作品中，就是**正当**、**权宜**、**美**或**高贵**。相对于这门艺术来说（遗憾的是，总的来看，它仍有待被创建），所有其他艺术都是从属的；因为它的原理决定了任何特定艺术的特殊目标是否有价值，是否值得追求，决定了该目标在可取之物中的地位。因此，每门艺术都是科学揭示的自然规律和所谓的**目的论**或**目的学说**这类一般原理的共同结果；借用德国形而上学家的语言，它也可以恰当地被称为**实践理性**的原理。

纯粹的科学观察者或推理者并不是实践顾问。他的职责只是表明若干原因产生若干结果，表明某些手段是实现某些目的的最有效手段。目的本身是否应该被追求，如果是，在什么情况下和在多大程度上应该被追求，不是他作为科学耕耘者要决定的事务，而且科学本身也不可能使他胜任做此决定。在纯粹的物理科学中，人们不大会去承担这一超出范围的职责；但是那些探讨人性和社会的人都会对它提出要求，他们总是试图说出实然，还说出应然。为了使他们有资格做这事，完备的**目的论**学说就是必不可少的。关于此题材的科学理论，无论多么完善，只能被看作自然秩序的一部分，绝对不能当作它的替代品。在这方面，各门次级艺术提供了一个误导人的类比。在这些艺术中，很少有明显的必要性为目的辩护，因为总的来说，没有谁会否认它的可取性；只有在决定目的之间的优先性时，才需要调用**目的论**的一般原理；但是以**道德**和**政治**为题材的作家在每一步都需要它们。如果把生活或社会艺术所追求的目的留给理智随意发挥的模糊建议来决定，或者不经分析或质疑就被视为理所当然，那么对心理现象或社会现象之间的演替和共存规律以及它们作为原因和结果之间的关系的阐释，即便再详尽、再有条理，对于该艺术而言也毫无价值。

七、终极标准的必要性，或者目的论的第一原理

因此，正如科学有第一哲学，艺术也有专属的第一哲学。不仅存在**知识**的第一原理，还存在**行为**的第一原理。必定有某种标准，用来决定欲望目的或对象的绝对和相对的好与坏。无论这个标准是什么，都只能有一个：因为，如果存在几条终极的行为原理，那么同一行为可能既受到其中一条原理的赞同，却又受到另一条原理的谴责，这就需要一条更一般的原理充当两者之间的仲裁者。

因此，道德哲学作家通常认为有必要把所有行为规则和所有对赞同和谴责的判断都交给原理仲裁，但只交给一条原理——某种规则或标准，所有其他行为规则都要与之保持一致，而且最终可以从中推导出来。那些放弃这种普遍标准假定的人只能假定我们的构造中存在固有的道德感或本能，来告诉我们应该遵守哪些行为原理，以及这些原理之间的从属关系应该如何安排。

道德基础的理论这个主题不适合在本文中做长篇大论，而附带性的讨论又没什么作用。因此，我只想说，即使道德直觉原理的学说是对的，也只能为行为领域中所谓的道德部分提供依据。对于生活实践的其余部分仍然需要寻找某种一般原理或标准；如果选择的原理是正确的，我认为，它既可作为道德的终极原理，也能作为**审慎**、**政策**或**品位**的终极原理。

我不准备在这里为我的观点辩护，甚至也不打算定义它所认可的辩护类型，我只是宣布我的信念，即一切实践规则应该遵循的一般原理，以及它们应该受到的检验，都应该有助于人类的幸福，或者更准确地说，有助于一切有感知能力的存在者的幸福，换句话说，促进幸福是**目的论**的终极原理。

我并不是要断言，促进幸福本身应该成为所有行为的目的，甚至是所有行为规则的目的。它是对所有目的的辩护，也应该是所有目的的调控者，但它本身并非唯一的目的。有许多美德行为，甚至美德行为模式（尽管我认为这种情况比人们通常设想的要少），在特定情况下牺牲了幸福，产生的痛苦比快乐多。但是，仅当我们能表明，人们培养出了一些感受，使自己在某些情况下不顾幸福，从而在整体上世界会更幸福，那种行为才能得到辩护。我完全承认下述论断的真理性：培养高贵的意志和行为，使之达于完善，应该成为个体的一个目标；对自身或他人幸福的具体追求（除非包含在这个观念中）一旦与该目标发生冲突，都应该让道于它。但是我认为，什么构成了这种性格的提升，这个问题本身恰好需要以幸福为标准来决定。对于个人来说，性格本身应该是至高无上的目标，这只是因为理想的高贵性格的存在，或是接近它的存在，在任何程度上，都比其他所有事物更能促进人类的幸福生活，无论是在获得快乐和免于痛苦这种相对卑微的意义上，还是在使生活不再像现在几乎普遍的幼稚和微不足道，而是如同其能力得到高度发展的人类想要拥有的生活那样的更高意义上。

八、结论

有了这些评论，我们必须结束对科学研究的一般逻辑在道德和社会科学部门中的应用所做的概述。尽管我制定的方法原理具有极高的普遍性（我相信，这里的普遍性不同于模糊性），我还是深深希望，对于旨在把那些最重要的所有科学带入更令人满意状态的人来说，这些提醒可能会有所帮助，既可以消除错误的构思，也可以澄清在如此复杂的主题上对获得真理的途径的正确概念。如果这个希望得以实现，那么未来两到三代的欧洲思想家可能取得的伟大理智成就将在某种程度上得到推进。

译名对照表

A

abstraction 抽象
accordance 符合
accountability 责任
accuracy 精确性
achievement 成就
acknowledgment 认同
acoustics 声学
act 行动
action 行为
aesthetics 美学
agency 动因
agent 能动者
agreement 契合/协议
aim 目标
analogy 类比
analysis 分析
antecedent 前因
anticipation 预期
approbation 赞同
approximate generalization 近似概括
approximate truth 近似真理
approximation 近似
Aranda 阿兰达
argument 论据
argumentation 论证
Aristotle 亚里士多德
arrangement 安排
art 艺术
association 联结
assumption 假定
astrology 占星术
astronomy 天文学
attention 关注
attribute 属性
authority 权威
Averroes 阿威罗伊
aversion 厌恶
Avicenna 阿维森纳
axiomata 公理
axiomata media 中间公理

B

Bacon 培根
Baconian 培根主义者

Bain 贝恩
being 存在者
belief 信念
Bentham 边沁
body 身体
body natural 自然体
body politic 政治体
brain 大脑
Brown 布朗

C

Caesar 恺撒
Caliph 哈里发
capacity 官能
canon 法则
cause 原因
causal law 因果律
causation 因果关系
certainty 确定性
chance 偶然性
character 特征/性格
characteristic 特点
Chares 卡瑞斯
chemical method 化学方法
Christianity 基督教
circumstance 环境
civilisation 文明
class 阶级
classification 分类
cohesion 凝聚力
coincidence 巧合
Coleridge 柯勒律治
collection 集体

combination 组合
common sense 常识
community 共同体
comparison 比较
complexity 复杂
composition 复合
comprehensiveness 普及性
Comte 孔德
conception 构思
concurring causes 并发原因
condition 条件
Condorcet 孔多塞
confirmation 证实
conflict 冲突
conjecture 猜想
conjunction 结合
connection 联系
consciousness 意识
consensus 同感
consequence 后果
consideration 考虑
constancy 恒定性
consilience 一致
constitution 构造
constraint 约束
contract 契约
contradiction 矛盾
controversy 争议
corollary 推论
correction 修正
Crassus 克拉苏
custom 习俗
cycle 循环

D

data　数据 / 资料
deduction　演绎 / 推论
deduction à priori　先验演绎
deductive method　演绎法
deficiency　缺乏
definition　定义
degree　程度
democracy　民主
department　部门
descriptive geometry　画法几何学
desire　欲望
difference　差异
discovery　发现
discussion　讨论
disposition　秉性
distinction　区分
diversity　多样性
doctrine　学说

E

education　教育
effect　结果
element　元素
elimination　排除
emotion　情绪
empiricism　经验主义
Epaminondas　伊帕曼诺达斯
ethics　伦理学
ethology　性格学
event　事件
evidence　证据

evolution　演化
exactness　精确性
exception　例外
experience　经验
experiment　实验
experimental method　实验方法
explanation　说明
expression　表达
extension　广延

F

faculty　官能
fatalism　宿命论
feeling　感受
force　力
foreknowledge　先知
form　形式 / 形状
formation　形成
formula　公式
foundation　基础
freedom　自由

G

Gall　盖尔
generalization　概括
generality　普遍性
generation　生成
geometry　几何学
government　政府
Grote　格罗特
ground　基础
guidance　指导

H

habit　习惯
happiness　幸福
Hartley　哈特利
Helvetius　爱尔维修
historian　历史学家
history　历史
Hobbes　霍布斯
human nature　人性
Hume　休谟
hypothesis　假说

I

idea　观念
identity　同一性/一致
illusion　幻觉
impression　印象
improvement　改进
impulse　冲动
independence　独立
individual　个体
inducement　诱因
induction　归纳
inference　推断
influence　影响
instance　实例
instinct　本能
institution　制度
intellect　理智
intelligence　智力
interest　利益
interpretation　解释

inverse deductive method　逆向演绎法
Iphicrates　伊菲克拉特斯
irresistibleness　不可抗拒性

J

judgment　判断
Julius Caesar　尤利乌斯·恺撒
justification　辩护

K

Kepler　开普勒
kind　种类
knowledge　知识

L

law　规律/法律
law of association　联结规律
law of correspondence　对应规律
legislator　立法者
legislature　立法机关
liberty　自由
liking　喜欢
logic　逻辑
Luther　路德
Lycurgus　莱克格斯
Lysicles　吕西克列斯

M

Mahomet　穆罕默德
mankind　人类
manner　方式
Martineau　马蒂诺

matter　物质
maxim　准则
means　手段
mechanics　力学
mechanism　机制
medium　中介
memorialist　回忆录作者
mental association　心理联结
mental chemistry　心理化学
metaphysician　形而上学者
meteorology　气象学
method　方法
method of agreement　契合法
method of concomitant variations　共变法
method of difference　差异法
method of residues　剩余法
middle principle　中层原理
Mill, J.　詹姆斯·密尔
mind　心灵
misapprehension　误解
mode　模式
Monge　蒙日
motive　动机
morality　道德
moral science　道德科学
movement　运动

N

Napoleon　拿破仑
nation　国家
natural history　博物学
natural philosophy　自然哲学

nature　自然／本性
necessitarian　必然论者
necessity　必然性／必要性
Newton　牛顿
notion　想法
Novalis　诺瓦利斯

O

obedience　服从
object　目标／对象
objection　反驳
obligation　义务
observation　遵守／观察
occupation　职业
operation　运作
opinion　观点
optics　光学
order　秩序／顺序
organ　器官
organization　组织
origin　起源
Owenite　欧文主义者

P

pain　痛苦
passion　激情
pathology　病理学
Paul　保罗
peculiarity　特殊性
Pelagius　伯拉纠
perception　知觉
perturbation　摄动

Peter the Grea 彼得大帝
phenomena 现象
philosophia prima 第一哲学
philosophy 哲学
phrenology 颅相学
physical science 物理科学
physiology 生理学
planet 行星
Plato 柏拉图
pleasure 快乐
poet 诗人
policy 政策
political economy 政治经济学
politics 政治学
positive prediction 完全预测
possibility 可能性
power 能力
practice 实践
practitioner 实践者
precept 指导
precision 精确
prediction 预测
predisposition 倾向
prejudice 偏见
premise 前提
presumption 推测
Priestley 普里斯特利
principle 原理 / 原则
privilege 特权
probability 概率
process 进程 / 程序
produce 产品

progress 进步
progression 进展
progressiveness 进步性
promise 前提
proof 证据
propensity 倾向
property 属性 / 财产
proposition 命题
provision 规定
proximate cause 近因
prudence 审慎
Psalmist 诗篇作者
psychology 心理学
purpose 目的

Q

quality 性质 / 品质
quantity 数量
Queen Elizabeth 伊丽莎白女王

R

reason 理性
reasoning 推理
recognition 认可
reflection 反思
reformer 改革者
regularity 规则性
relation 关系
religion 宗教
remote cause 远因
reprobation 谴责
resemblance 相似

resource 资源
responsibility 责任
right 权利 / 正当
Rome 罗马
Rousseau 卢梭
rule 规则
ruler 统治者

S

schoolman 学院派
science 科学
self-culture 自我修养
self-interest 私利
sensation 感觉
sense 感官 / 感知
sensibility 感知力
sentiment 情感
sequence 次序 / 序列
skill 技能
slavery 奴隶
social body 社会体
social dynamics 社会动力学
social science 社会科学
social statics 社会静力学
society 社会
Socrates 苏格拉底
speculation 思辨
Spencer 斯宾塞
spirit 精神
stability 稳定性
standard 标准
state 状态

subject 主题
substance 实体
succession 演替
superstructure 上层结构
supposition 假设
susceptibility 感受性
syllogism 三段论
synchronous ideas 同时性观念
system 系统 / 体系

T

taste 品位
teleology 目的论
tendency 趋势
term 术语
testimony 明证
Themistocles 泰米斯托克利
theorem 定理
theory 理论
therapeutics 治疗学
things in themselves 物自体
thinking 思维
thought 思想
tidology 潮汐学
time 时间
Timoleon 提摩禄
tradition 传统
transformation 转化
truth 真理

U

uncertainty 不确定性

understanding　知性
uniformity　齐一性
union　联盟
universality　普遍性
universe　宇宙
utility　效用

V

vagueness　模糊性
value　价值
variation　变化
Varus　瓦鲁斯

verification　验证
verification à posteriori　后验验证
vigour　活力
virtue　美德
volition　决断

W

wealth　财富
Whewell　休厄尔
will　意志
wish　意愿

作者简介

约翰·斯图尔特·密尔（John Stuart Mill，1806—1873），英国著名哲学家、经济学家和政治理论家，在伦理学、逻辑学、政治经济学和自由主义等领域做出了重要贡献。密尔是功利主义哲学的主要代表之一，其思想对现代民主、自由、人权等理念产生了深远影响。

译者简介

李涤非，哲学博士，河南财经政法大学副教授，主要研究领域为科学哲学、伦理学。在《自然辩证法研究》、《自然辩证法通讯》和《伦理学研究》等期刊上发表论文十余篇；翻译出版了《意识的解释》（中信出版集团）、《论人的理智能力》（浙江大学出版社）、《做自然主义研究》（重庆大学出版社）等近十部学术专著。

图书在版编目（CIP）数据

道德科学的逻辑 /（英）约翰·斯图尔特·密尔著；李涤非译. -- 北京：商务印书馆，2024. --（伦理学名著译丛）. -- ISBN 978-7-100-24111-3

Ⅰ．B82

中国国家版本馆CIP数据核字第2024FX4953号

权利保留，侵权必究。

伦理学名著译丛
道德科学的逻辑
〔英〕约翰·斯图尔特·密尔　著
李涤非　译

商务印书馆出版
（北京王府井大街36号　邮政编码100710）
商务印书馆发行
北京市十月印刷有限公司印刷
ISBN 978-7-100-24111-3

2024年7月第1版　开本 880×1230　1/32
2024年7月北京第1次印刷　印张 4⅜
定价：29.00元